男の独《ひと》り料理

健康もおいしさも自分でつくる

健康もおいしさも自分でつくる

「食べることは生きていくうえでの基本中の基本。〝時間がない〟などと言ってはいられないのだろうけれど…」とは、30代男性がアンケートに寄せた声。〝気になっているがなかなかよくならない〟、本書はそんな男たちの食生活をバックアップします。

ひとり暮らしの人や、その家族にとって一番の心配事は、「食べること・健康であること」ではないでしょうか？　〝ズボンの胴まわりがきつくなった〟〝単身赴任でアルコールの量が増えた〟など、目に見える変化は気になっても、忙しさや仕事の疲れなどから、食生活をなおざりにしてしまいます。

健康のためには〝料理をしなければ〟などと最初から思う必要はありません。朝何も食べていなければ牛乳1杯でも飲む、毎食コンビニ弁当なら野菜のおかずを買いたす、きゅうりやトマトにかぶりつくなど、まずは〝ちょっとよい食べ方〟を意識することから始めればいいのです。そうした小さな変化が積み重なれば、カラダも暮らしも変わり、あなたの10年後にも大きな差がでるはずです。

料理が単に「しなければならない面倒なもの」だとしたら、続けるのは苦痛かもしれません。本書19頁「これが私の〝独り料理〟」に登場する8人は、「料理するワケ」を、それぞれの〝健康のため〟〝経済のため〟などと理由づけながらも、実のところけっこう楽しんでいます。

忙しい毎日だからこそ「自分が食べたいものを食べたい味に、楽しみながらつくってしまう…」、生き方や暮らし方のスタンスにそんな余裕もあって、はじめて「自立し、独立した男」になれるような気がします。そんな男になるための〝独り料理〟なのです。

2000年　3月　　婦人之友社編集部

CONTENTS

この本では…

●つくり方の記載は「1人分」が基本です。
ただしカレーや豚汁などたくさんつくる方が
おいしいものには例外があります。

●手持ちにない材料や調味料があった場合は、
他のもので代用したり、パスするなり、
臨機応変に対応してください。
仕上がりは違ってきますが、基本の調味料（61頁）だけで
できないものはほとんどありません。

●秤がない、計量スプーンがないなどの場合、
47・69頁にある〝見当のつけ方・目安〟を参考にしてください。

●この本で使用した計量カップは200cc、
大さじ1杯は15cc、小さじ1杯は5ccです。

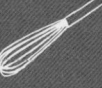

まずは「食べ方を知る」ことから

あなたの10年後に差をつける食生活とは…。

実例2人の食べ方チェック

倉田澄子（武蔵丘短期大学）

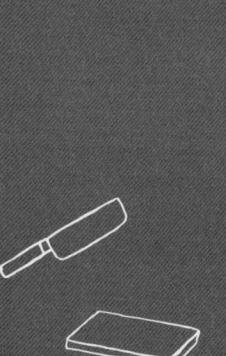

健康であってこそ成り立つ"単身生活"

今日からの実践で
体も心も元気に

あなたの10年後に
差をつける
食生活7カ条

1
朝は何かを食べよう

血糖値が上がり、脳が活性化されて働くため、気力、注意力、記憶力、活動力、積極性が高まる。仕事の能率や質の向上にもつながる。

2
昼食の栄養バランスに気を配る

活動中でエネルギーが必要なため、昼食は1日の内で最も充実した食事にしたい。外食するなら、ご飯、おかず、汁ものの揃う定食が、バランスの上でよい。

"健康"なくして快適なひとり暮らしは成り立ちません。
健康で過ごすためには、
食事を始めとする生活リズムを守る、運動の習慣をつける、
肥満を避ける、ストレス解消をはかる、などの
各自にあったライフスタイルの構築に努力することです。

食事のたいせつさを知る

食事がたいせつであると、みな頭では知っています。しかし、どの程度たいせつと捉えているかが問題です。生体物質を交換することで、真にリフレッシュできることを覚えておきましょう。食事後の自分の体の変化を観察してみれば、体温が上がり思考意欲が出るのがわかります。

ストレスにつよくなる

食事をきちんととる人は、ストレスにもつよいということを知っていますか？　現代社会の生活環境にはストレス要因が多く、そこから体調をくずす場合も多くあります。

食事をとると胃液など消化酵素の分泌が盛んになり、エネルギーが合成され、体が全般的に活性化されます。活動の活発な時間帯はホルモン（副腎皮質ホルモン）の分泌状態にも変化があり、ストレスにつよいことがわかっています。また、免疫を担当

3 夜のまとめ食いを避ける

空腹時に食べすぎると栄養素の吸収率が高くなる。さらに夜間に生体内では同化作用がすすむため肥満につながる。夕食のまとめ食いにはご用心。（9頁下段参照）

4 深夜の空腹は牛乳程度でしのぐ

空腹のままでは、胃周辺に集まる神経が高ぶり寝つけないが、翌日朝食を食べたくなるためにも牛乳程度にしておく。

5 コンビニ食に頼りすぎない

加工食品の利用度が高く添加物が多いため。また食品数が少なく、とくに野菜、くだもの、海藻不足に注意したい。

6 食事時間を決めておく

時間がきたら食事をしなければ落ちつかなくなるように。

7 食べものに興味をもとう

おいしいものを食べたい気持ちを大切に。自分にとっての〝おいしい味〟を知ろう。

する血液中のリンパ球の出現は、摂食時間によって準備されることもわかっており、食事摂取により免疫リズムが形成されるのです。この免疫担当細胞は、明暗（日内変動）とも関係があるため、起床就寝時間など生活のリズムを守ることが大切です。

食費を決めておく

家族のチェックが入らない自由さから無計画になりがちな食費。お金があるうちは欲求に合わせてどか食いし、その後、お金をつめて質素にするなど乱れる傾向がみられます。1週間分でも1カ月分でも、およその食費を決めておくとよいでしょう。

運動の習慣を身につける

適度な運動の習慣は、肥満を避け、生活習慣病（いわゆる成人病）予防になります。

運動のために特別な時間をさこうとしても三日坊主になりがち。仕事の行き帰りにできるだけ歩くなどの体を動かす心がけが、継続と健康への近道です。

アルコールは量を考えて

アルコールは1日に30～40㎖以内に。ビールでは600～800㎖（大びん約1本分）、日本酒やワインでは220～300㎖程度におさえましょう。

〝朝食〟たべてますか?

牛乳1杯でも大違い

朝食をとると体温が上がり、体が活性化されます。睡眠で低下していた血圧も活動時の血圧になるなど、1日の活動の準備ができるのです。朝にとる食物の量は、およそ1日の$1/4$〜$1/3$を目安とします。

朝食にとりやすい食品

食生活についてひとり暮らしの男性40人に聞いたアンケートでは、朝食には「手間が少なく短時間で食べられるもの」が求められていた。一番多かったのはパン食でシリアル、ご飯などが続く。

牛乳

「朝から食べられない」なら、まずは牛乳を。胃をやわらげ、吸収が早いためエネルギーにもなりやすい。良質たんぱく食品。

パン

〝つくる手間いらず〟で食べやすい食品。チーズをのせたり、トーストしたり。

バナナ

糖分が多く血糖値を早くあげられ、エネルギー源としても有効。くだものとしては値段も手ごろ。

朝の欠食がもたらすもの

国の調査結果では、朝食をぬく人が年々増加しているようです。中でも20代の単身男性に顕著にみられ、習慣的に食べない人が30%もいます。1食欠けることで、1日に必要な食物の質と量をとることが難しくなります。

朝食をとらない場合には、次のような体への影響が指摘されています。

●生体のリズムに逆らう

体には種々の周期をもつリズム（サーカディアンリズム）があり、それには進化の過程で得てきた先天的なものと、くり返し行うことで得られる後天的なものに分けられます。

空腹感や消化液の分泌、腸の蠕《ぜん》動運動などのリズムは後者の例で、くり返し学習す

時間のない朝は この一品でOK

津田さんの場合（29頁に手記）

野菜たっぷりトースト

つくり方

厚切りパンの中央をはがしてくぼませ、そのまわりに細く切った野菜とベーコンをのせ、卵を割り入れる。マヨネーズかピザソース、粒マスタード、溶けるチーズをかけて、オーブントースターで約10分焼く。卵の半熟加減がうまい。

野菜入りオートミール

つくり方

鍋で湯を沸かし、オートミールを入れ、ベーコンかハム、冷凍のミックスベジタブルなど、その日冷蔵庫にあるものを放りこんで、塩、こしょうやスープの素で味をつける。

チーズ・ヨーグルト

昼、夜にはとりにくいが、朝には食べやすい乳製品。チーズ30gは牛乳200ccとほぼ同じカルシウムを含む。

卵

栄養バランスに優れ、かつ安価な食材。卵料理なら初心者も始めやすい（76頁）。

●〝バランス栄養食品〟と称しているものは、その手軽さがクセになるし、食事が「楽しく、おいしいもの」ということも忘れがちに。心と体の健康を考えて、ほかに何もないときのものと心得たい。

野菜

ひとり暮らしで最も不足しがちなのが野菜。包丁なしでよいものなら、朝でも食べられる。100％野菜ジュースなども同じ栄養源と考えられる。

ることによりリズムが定着します。子どものようにリズムをつくる過程では、規則的な摂食行動がとれるように、また、すでにリズムのできている（はずの）大人では、欠食は体に負担がかかるので乱さないようにしたいものです。

●肥満をまねく

朝食をぬくと、空腹を満たすために昼食から就寝までに多量の食物をとることになります。体は空腹を解消させ、飢餓に抵抗しますから、3食に分けて食べるのに比べて消化吸収能が向上し、蓄える方向に働くため、肥満の原因となるのです。空腹にしておき一度に大量に食べる方が、少しずつ絶えず食べるよりも、肝臓での脂肪合成能が高く、脂肪組織の細胞数の増加も促進されることが認められています。ですからいわゆる〝どか食い〟は肥満につながり、食事のリズムを狂わせる原因になるので避けたいものです。

ひとり暮らしの男性の場合は、夜に集中的に食べることが多いようで、寝つきがわるく、翌朝は食欲不振となり、朝食をぬくといった悪循環をおこしがちです。

食べものえらびは"主食＋主菜＋副菜"の型で

「時間がない、面倒だ、ひとりでは味気ない」といって外食に頼っていると、画一化された味に飽きるばかりでなく、栄養にも偏りが生じます。

自炊や外食、あるいは持ち帰り食など、いずれの場合にもこの3つを頭に入れておき、過不足を判断しましょう。

豚のしょうが焼きを主菜にした食事の場合

主食、主菜、副菜を揃えて1食の栄養のおおよそのバランスがとれる

副菜（野菜）
えのきと生野菜のサラダ：**190g**
ブロッコリー（主菜に添えた）：**40g**

主菜（たんぱく質源となるもの）
豚肉：**60〜80g**

主食
（飯、パン、麺類）
飯：**1杯〜2杯**

汁もの
（海藻類、豆腐など）
味噌汁：**1杯**

1日の朝：昼：夕の配分は＝3：4：4　夕食が重めなら＝3：4：5という割合で。

栄養を考える"型"

次にあげる"主食、主菜、副菜"が揃って1食になるという概念があれば、食べものの選択がらくにできるようになります。
主食：穀類が主な食材で、ご飯、パン、麺類をいい、エネルギー源です。通常はこのうちから1品をえらびます。塩分がないほどに味を薄く調理するので、他の食品と食べ合わせることができます。
主菜：肉、魚介、卵、大豆製品のたんぱく質源を主材料とした惣菜で、これらのうち1品でよいのです。野菜などをつけて1皿とします。運動量などによって必要なエネルギー量が異なりますが、主菜の量は変えずに、主食の量で調節します。
副菜：野菜中心の惣菜です。ビタミンA、B類、Cや食物繊維など、およびカルシウム、鉄などのミネラル類を補給します。
　そして汁もので海藻類や不足分の野菜をとる、といった日本型の食事が、バランスのよい組み合わせです。

とりの唐揚げ弁当では副菜がたりない

市販の弁当を右頁と同じ主食、主菜、副菜の皿にあてはめてみた。コンビニや弁当屋に並ぶ持ち帰り食の多くは、副菜(野菜)が不足していることがよくわかる。

コンビニ弁当の3つのバランスを検証

コンビニ食をはじめとする持ち帰り食の利用度は年々増加傾向にあります。コンビニエンスストアの開店数増加も利用度を増す大きな要素となっています。とくに子どもや単身者の利用は店の数と比例して上昇しています。

弁当を買うときも、どれが主食で何が主菜、副菜に相当するのか考え、見極めて、不足しているものを補いたいものです。

上の唐揚げ弁当の内容は、唐揚げ、ごぼうと人参のきんぴら、卵焼き、漬けもので、1回分の食事としては、たんぱく質、糖質は充分ですが、ビタミンA、C、ミネラル、食物繊維などが不足します。食品では野菜、くだものが非常にたりません。とくに緑黄色野菜がとれるように補充したいものです。

野菜不足をコンビニ食で補うには、サラダ、惣菜の他に、緑黄色野菜の缶詰なども購入するといいでしょう。しかし、味にあきますし、添加物の心配もありますから、時間があるときは、62頁からの「かんたん野菜料理」を参考につくってみてください。

意識して食べたい野菜

ひとり暮らしの食生活では、多くの種類の食品をとることは難しく、とくにコンビニなどの持ち帰り食では、いずれも野菜不足が目立ちます。左のような1日にとりたい野菜の量を覚えておくと、不足分を知るための目安として役立ちます。

●1日にとりたい野菜

淡色野菜

これらのうち数種類を…

毎日の野菜の目安量は

野菜には淡色野菜と緑黄色野菜があり、この両方からとりたいのです。また〝食品数を多く〟といわれるのは、栄養素をバランスよくとるためですが、自炊の場合、連日違った野菜をとることはできませんから、少ない単位で材料を買い求め、使う野菜を少しずつ変化させるようにしたいものです。

●淡色野菜

きゅうり、なす、キャベツ、レタス、大根、玉ねぎ、白菜、長ねぎ、きのこ類などで、これらのうち数種類を1日に約200g（写真上）。

●緑黄色野菜

トマト、にら、人参、ピーマン、ブロッコリー、ほうれん草、小松菜、かぼちゃなどで、これらのうち数種類を1日に約100g（写真次頁）。

これらの野菜以外にくだものを200g（りんご、バナナ、柿、オレンジなら1個、苺なら大10粒程度）をとります。

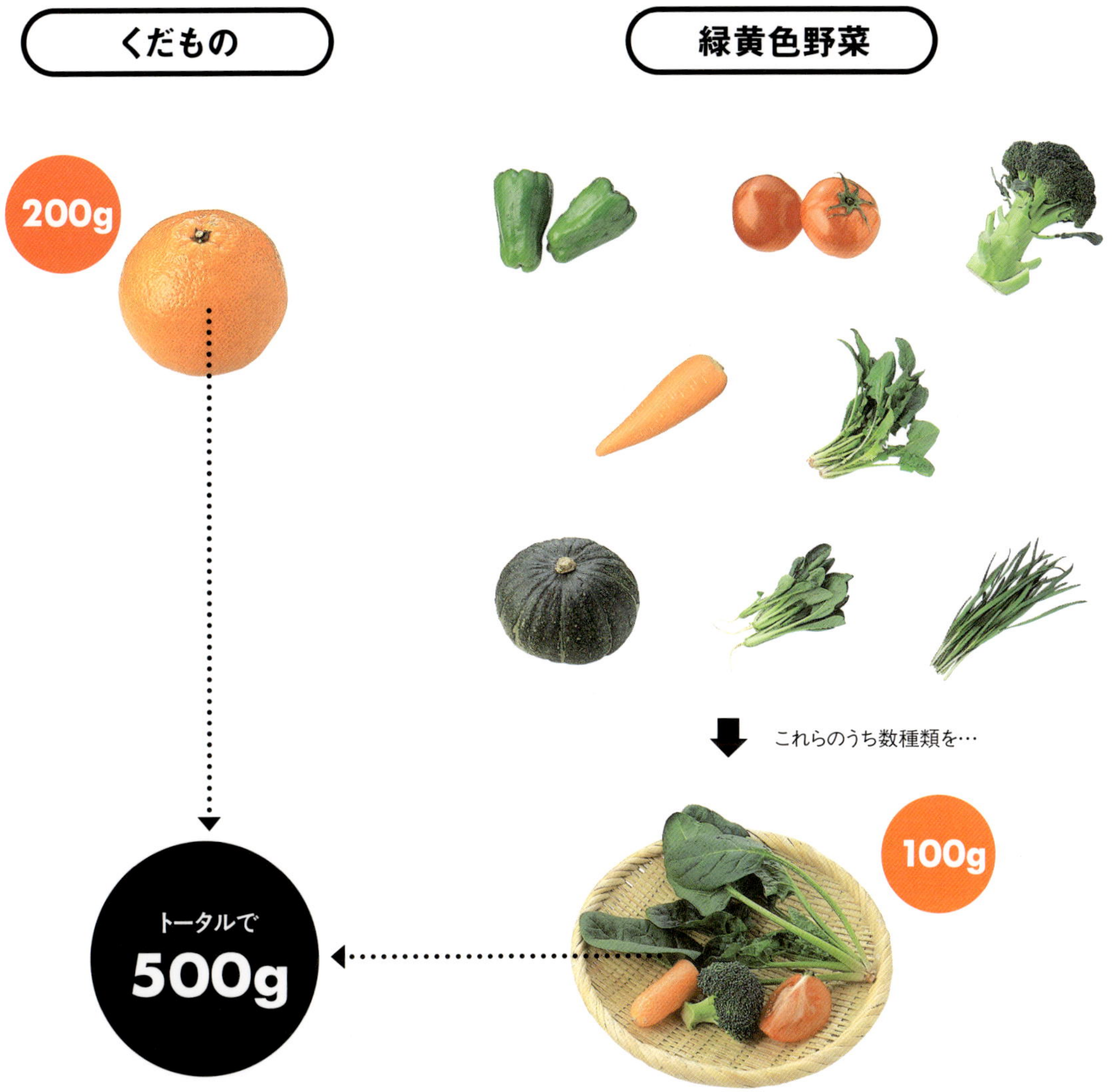

1日の食品目安量

食品にはたくさんの種類がありますが、含まれる栄養素の種類とその働きから、次の6つに分けられています。何をどのくらい食べればよいか、それぞれに記した1日の目安量を参考にしてください。

1 肉、魚、卵、大豆…………250g

（卵1個と肉、魚、大豆製品を等分にとる）
血や筋肉をつくる
たんぱく質
ビタミンB2
脂肪

2 乳、乳製品、小魚

乳……**200ml**　乳製品……**60g**
小魚……………………………**40g**
骨や歯をつくる。体の各機能を調節
カルシウム
たんぱく質
ビタミンB1

3 緑黄色野菜……………100g

皮膚や粘膜を保護し各機能を調節
カロチン
ビタミンC
カルシウム
鉄、ビタミンB1

4 淡色野菜………………200g

（＋くだもの200g）
体の各機能を調節する
ビタミンC
カルシウム
ビタミンB1・B2

5 米、パン、麺、芋………500g

（そのうち芋100g）
エネルギー源となる
糖質

6 油脂……………………20g

効率的なエネルギー源に
脂肪

実例アドバイス①

食事リズムは生活時間に合わせて

“夕方の中間食”で深夜のどか食いを防ぐ

複雑な社会構造の中で暮らす現代人は、生活リズムが乱れやすく、そのため食事回数や時刻、食事内容に問題が出てきます。忙しさから生活時間が不規則になるYさんに、1週間の食事記録をつけてもらいました。その問題点と改善法を見てみましょう。

わかっていてもやめられない不規則な食生活 Yさんの場合

（25歳独身・玩具小売店勤務）

就職してすぐにひとり暮らしを始めたころは、毎日朝食をとるようにしていました。しかし、最近、店の終了時間が遅くなり、帰宅はどうしても午後11～12時近くになります。疲れて帰宅すると、当然料理をするのもめんどうくさく、コンビニや外食でということになりがちです。

それから少しくつろぐと、就寝は午前2～3時。そうなると朝食は食べずに1分でも長く寝ていたいということになってしまいます。現在は、前日に買っておいたおにぎりやパンをあわてて牛乳で流しこんだり、朝食をぬいたりしてしまいます。

昼食は交代であわただしくとるため、ファーストフードやでき合いの弁当を食べることが多くなります。

そんな生活なものですから休日は自炊を心がけ、かんたんで、いろいろな食材がとれる鍋や煮ものをします。これは気分的にも、「栄養をとったぞ」と思えます。

気になるのはやはり体形で、就職時に179cm－79kgでしたが、1～2年で3kg増え（残業やストレスなどのせい?）、昇進してデスクワークが多くなり、2カ月で4kg増えるなどして現在86kgです。夜食をひかえて3kgくらいは減らせても、欲求に負けてすぐ元にもどってしまいます。

Yさんの食生活問題点と改善方法は？

「休日は何とか自炊を」という意欲がある人です。しかし勤務のある日は帰宅が遅く、料理はできないようです。そんな状況だからこそ、自分に合った食事リズムをつくり、栄養をバランスよくとる努力が必要です。

●中間食の効果

帰宅が遅く、空腹からどか食いをしてしまうようなら、夕方4～5時頃に中間食を少量でもとってみてください。たとえばナッツ類や生ジュースなどでもよい。腹もちがよく、栄養の不足を少しでも補えます。

●“かんたんな料理”に挑戦して

疲労と空腹のため、すぐに食べられる外食やコンビニの利用が多くなっているようです。この場合には野菜のおかずをいっしょに購入するか、手早くできる野菜料理（61頁～）や、カレー、豚汁など、休日につくりおきできる料理をしてみてください。

●Yさんの1週間の食事と食品選択への評価

	月	火	水	木	金	土	日
朝	――	雑炊	パン 牛乳	おにぎり 牛乳	――	パン おにぎり 牛乳	サンドイッチ おにぎり
昼	鍋	雑炊	チーズカツ 弁当	チキンカツ 弁当	ハンバーガー セット	コロッケ 弁当	とり弁当 ちらしずし
夕	鍋	うどん	八宝菜定食 ビール	そば おにぎり	ラーメン ご飯 明太子	うどん すしセット パン	ラーメン ギョウザ
金額	**2,000**円	**200**円	**2,000**円	**1,450**円	**600**円	**1,730**円	**1,250**円

	休日						出勤														
	朝	昼	夕	朝	昼	夕	朝	昼	夕	朝	昼	夕	朝	昼	夕	朝	昼	夕	朝	昼	夕
糖質	4	2	2	2	2	2	2	2	2	2	2	1	4	1	1	1	2	1	1	1	2
蛋白質	4	1	1	3	1	2	3	2	2	3	1	3	4	2	2	3	2	2	3	1	2
野菜	4	2	3	3	3	3	3	3	2	3	3	3	4	3	3	3	3	3	3	3	3
海藻ほか	4	3	3	3	3	3	3	3	3	3	3	3	4	3	3	3	3	3	3	3	3
乳製品		4			3			2			2			4			2			2	
評価	×	△	□	□	□	□	□	△	○	□	□	□	×	□	□	□	□	□	□	□	□

1：食べ過ぎ　**2**：適正　**3**：不足気味　**4**：欠食　※評価の印は、よい方から ○△□×の順

●朝食はぬかないように

食事は通勤や仕事などのストレスに抵抗できるように、体の準備をするために必ず必要だからです。

●野菜のおかずをプラスする

上の記録にあるような、夕食に〝おにぎりとそば〟〝ご飯とラーメン〟などの穀類同士で満腹にすることは避け、穀類とたんぱく質の食品を1種ずつと、何種類かの野菜をとるようにします。また、就寝前にエネルギー源を多量にとることは肥満をまねくのでやめ、野菜やくだものを充分にとってください。

●大豆製品や海藻も意識してとる

豆腐や納豆、冷凍野菜、カットわかめなど、使いやすい食材で活用することをおすすめします。

これらのことを1カ月以上継続すると、効果が現れてきます。減量は決してむりをせず、1カ月に1〜2kg減程度を目安に。

●表の分析

・朝食の欠食が2回ある。
・休日から週前半には鍋や定食で野菜を適正にとっているが、週後半は野菜がほとんどとれず、その分糖質の摂取が増え、食べ過ぎになっていることがわかる。
・野菜、海藻、乳製品は、1週間を通してほとんどとれていない。

実例アドバイス②

外食中心ではたんぱく質のとりすぎに注意

野菜やくだもののひと切れでも補って

できれば夕食くらいは自炊をしたいものですが、現実にはなかなかそうもいかず、外食やコンビニに頼りがちです。自炊を全くしないで〝食事が偏りがち…〟というKさんの食生活はどうでしょうか。

「自炊なしは経済的」と思ったけれど Kさんの場合

（28歳独身・出版社勤務）

ひとり暮らしは大学入学と同時に始まりましたが、当時からほとんど自炊をしていないのは、「中途半端より全部外食の方が経済的」との結論に至ったからです。

現在、朝食はパンとコーヒー程度でかるくすませています。出社時刻が10時半と遅く、食べすぎると昼食に影響することもあります。昼は定食屋で食べるか、コンビニや弁当屋などで買う場合とがあります。

夕食は7〜8時頃になります。外食が多いのですが、帰宅が真夜中になるときには、昼と同じようなもので済ませます。しかし、添加物の入ったものを続けて食べるのはあまり気がすすみません。

運動は心がけていますが、できることは通勤でなるべく歩くことと、週末の水泳です。おかげで体重はほとんど変わりません。

自宅に常備しているのは朝食のパンとインスタントラーメン、水がわりに飲む牛乳と野菜ジュースです。野菜ジュースは栄養があるか半信半疑のまま、「わるくはなかろう」と飲んでいます。しばらく野菜を食べてなければ、次の食事で野菜をえらびます。

肉はいつでも食べられるので、これとこれで栄養のバランスがとれるという知識と、かんたんで短時間でできる野菜料理があれば、休日くらいは料理をしようかと思い始めています。

Kさんの食生活問題点と改善方法は？

食生活が外食中心のKさん。夕食など満足できるように食べるには、費用もかなりかかるはずですし、芯からリラックスできるのも自宅です。最近時間が少しとれ、料理への興味もあるということですから、これを機に自炊を試行してみてはいかがでしょうか。

●週に2度のどか食いは×
平均に、バランスよく食べる

居酒屋でのどか食いが1週間に2度もあります。ある日は制限なく気分にまかせて食べたり、次の日からはまた食べたり食べなかったりというのでは、胃腸へ負担をかけることになります。平均的にとるようにしてください。

また、どか食いのときは、とくにたんぱ

●Kさんが1週間に食べたものと食費

曜日	時間	食べたもの		
月	朝	マフィン	コ	50円
	昼	インスタントのなす＆トマトパスタ	コ	280円
		ブルガリアヨーグルト	コ	100円
		梅しそのおにぎり	コ	120円
	夜	ふかしたじゃが芋	外	70円
		じゃが芋とベーコンのパスタ	外	400円
	おやつ	苺のシフォンケーキ	コ	200円
		アセロラ果汁グミ	コ	100円
	その他	コーヒー 2 杯		
火	朝	ハムと卵のサンドイッチ	コ	200円
		サプリ	コ	150円
	昼	冷やし中華	コ	480円
		焼きとりのおにぎり	コ	110円
		アロエヨーグルト	コ	100円
	夜	ビール中ジョッキ 1 杯	居	
		梅酒（ロック）	居	
		かつおのたたき	居	
		大根の炒めもの	居	
		ホタテとアスパラガスのサラダ	居	3,000円
		とり唐揚げ	居	
		生春巻き	居	
		鴨の鉄板焼き	居	
		枝豆	居	
		高菜ご飯	居	
	その他	コーヒー 2 杯		
水	朝	フィレオフィッシュバーガー	フ	
		フライドポテト	フ	500円
		スプライト	フ	
	昼	サンドイッチ	コ	250円
		焼きたらこのおにぎり	コ	120円
		ブルーベリーヨーグルト	コ	100円
	夜	タイ風炒飯	外	1,500円
		アスパラとほうれん草の炒めもの	外	
	その他	コーヒー 2 杯		
木	朝	マフィン	コ	50円
	昼	おにぎり 2 個		（もらいもの）
		サラダ	コ	150円
		ストロベリーヨーグルト	コ	100円
	夜	ビール中ジョッキ 1 杯	居	
		まぐろのフリット	居	
		ひらめのカルパッチョ	居	3,000円
		えびの香草焼き	居	
		ワイン 1 杯	居	
		とりのささみの揚げもの	居	
	夜食	インスタントラーメン	コ	150円
	その他	コーヒー 2 杯		
金	昼	ご飯		
		納豆		50円
		味噌汁		30円
	夜	ビール中ジョッキ 1 杯	外	
		牛タン	外	2,000円
		麦ごはん	外	
		テールスープ	外	
		ブルーベリーヨーグルト	コ	100円
	その他	コーヒー 1 杯		
土	昼	牛丼	外	400円
		卵	外	50円
		味噌汁	外	50円
		缶コーヒー		120円
	夜	唐揚げ弁当	弁	500円
		ほうれん草のごま和え	弁	100円
		味噌汁		30円
	夜	飲むヨーグルト	コ	100円
日	昼	幕の内弁当	弁	（もらいもの）
	夜	とんかつ定食	外	1,000円
		合計		15,810円

コ：コンビニ　外：外食　居：居酒屋　フ：ファーストフード　弁：弁当屋

く質をとりすぎています。たんぱく質源となる食品は、たとえば肉や魚などで1食に1種類、1切れ程度で充分なのです。たんぱく質源となる食品の料理は、主菜となりますが、どれがその食事の主菜かをはっきりとさせます。何人かで外食するときにも、主菜の皿数は人数分までにし、あとは野菜の皿をとるようにします。

●穀類と他の食品をあわせて

表では、朝食にマフィンを食べていますが、マフィンは菓子です。若者のあいだでは、食事と間食に食べるものの区別がつかない人が増えていますが、主食は穀類からしっかりととりたいもの。ご飯、パン、麺などの穀類は味が薄いので、ほかの複数の食品といっしょに食べることができ、食品のバランス向上につながるからです。

●野菜は1日5種以上食べたい

Kさんも、野菜、くだもの、海藻が不足しています。くだものは常備する食品に入れてください。野菜はとるように努力されているようですが、1日5種以上はとりたいものです。またコンビニ食ではたとえ種類はあっても、とるべき量には足りないことを、お忘れなく。

私は健康を意識して食べる…

アンケートから

ひとり暮らしの男性が、自炊するかしないかその理由はいろいろですが、気にかかることは誰しも〝健康維持〟にあるようです。アンケートに寄せられた声を聞いてください。

自炊はしていないが…

●体によいものを食べたい

おいしい料理がつくれないし、料理する道具は場所をとるので持っていないが、栄養や健康面で最低ラインは保とうと考えている。

買ってきて自室で食べる夕食は、しつこくないようなもの、量のあるものを選んでいる。中でも豆腐と納豆は簡単に用意ができて、体によいから重宝する。迷信のようなものだが、頭の毛が薄くならないと思われるもの〝ひじき、わかめ〟を選んでいる…。

（S・W　26歳）

●ビールのつまみは必ず野菜で…

帰宅して飲むビールのつまみには、サラダや枝豆を買って、ささやかながらも野菜をとろうとしています。ただ、コンビニ弁当だけは保存料などの添加物が多く入っているようなので、極力食べないようにしています。

狭いアパートに住み、ガスを引かず、冷蔵庫も持たない「質素な暮らし」が快適で、気に入っています。

（K・Y　30歳）

●夕食に野菜を

ひとり暮らしを始めた頃は自炊していたが、めんどうになった。（今は）夕食に野菜を食べるように気をつけているが、月4万円の食費はもう少しおさえたい。

（N・H　25歳）

自炊してます…

●食材の種類に気を使って

自炊では「肉より魚」「野菜をなるべく多く」「いろんな色の食材をつかう」などに気を使う。外食やコンビニ食を使うときはその日に食べたものと重ならないように選ぶ。

（M・M　24歳）

●栄養を考えて自炊

経済的にはもちろん、栄養面をしっかり管理したいと望んでいるため。鍋で炊くご飯、カレー、ハンバーグなどはまとめてつくりおきしておくと次がラク。1〜2日で食べきるものは冷蔵、一週間ほどを見こむとラップにくるんで冷凍。

（T・W　23歳）

●朝食を食べて始業をスムーズに

ひとり暮らしを始めた頃は朝食はほとんど食べなかった。理由は単に「めんどう」「もっと寝ていたい」。今は出社と同時に頭が回転しないとつらいので、食べている。

体に必要だと思うものが外では食べられないことが多いので、時間があるときはできるだけつくるようにしたいと思っている。コンビニの弁当も外食も、だいたい何カロリーか分かるので考えて選ぶ。内容のバランスがよいかどうかも気にしている。（S・S　38歳）

●病気にならないために

食事に気を遣わず、病気になって薬代に費用をかけるよりも、日頃の食生活に〝気〟と〝費用〟をあてるべき…

（K・K　53歳）

●やっぱり安心

第一に自分でつくると塩分、栄養などが安心だ。時間も短くてすむ。

（I・T　58歳）

●ときには弁当を買うこともある

野菜不足にならないように考えて自炊。最近ではコンビニや弁当屋でも種類が豊富、単品の惣菜のほか、野菜や魚のおかずの入った弁当を買うことも多くなった。（S・S　51歳）

これが私の「独り料理」

食べ方は生き方——
男8人が語る自分流料理と食生活。
つくってみたい定番料理

男の料理は楽しむが勝ち！

望月 薫

24歳・学生・ひとり暮らし歴4年

料理をするようになったきっかけは、友人がつくってくれたスパゲッティ。それがおいしく、かんたんそうで、「これなら自分でも」と始めてみた。1回ではなかなかうまくいかないが、2～3回つくるうちに「これこれ！」という感じになってくると、かなりうれしい。

「僕にもできそう！」が自炊の第一歩

もともと料理に興味があり、〝料理ができる〟のはとてもかっこいいことに思えていたので、ひとり暮らしになったら「自分でつくって食べられたらいいな」と考えていた。

高校時代を過ごした全寮制の学校では、週2～3回食事当番がまわってくる状況で、「飯をつくる」というのは、わりとあたりまえだった。しかし毎回百人分くらいつくるので、いざ2～3人分の食事をつくろうとすると分量がピンとこなかったり、野菜を切ってばかりで味を整えるところまでしないことも多く、「ひとりで飯がつくれる」という腕前ではなかった。そのため沖縄で大学生活を始めたころも、カップメンや冷凍食品に頼ることが多かった。

自炊をするきっかけになったのは、アパートに遊びに来た友人がスパゲッティをつくってくれたことだった。それがえらくおいしく、かんたんそうだったので、「これなら自分でも」と思って、つくりだした。

一度〝はまる〟と、毎回つづいても全然平気なタチなので、ある時期はスパゲッティばかりつくって食べていた。そのうち具をいろいろに変えたり、材料にこだわり（パスタならば、トマトは「桃太郎」がいいとか、麺の太さもいろいろ試し、個人的には1・9㎜が好み）始めると、どんどん楽しくなってきた。

料理の得意な友人の家にいってごちそうになりながら、食材や工夫の話などをワイワイやったり、たまにうまいものを外へ食べにいくのも参考になった。

手をかけず自分流でやってみた

自分でつくるとなると、そのまま食べられるか、炒めたり、ゆがいたりする程度のかんたんなものを主菜にして、ご飯かパンの主食と、豆腐などの副菜をつけたりした。手のかかる肉料理や、洗うのがたいへんな揚げものはまったくつくらなかった。

栄養についての詳しい知識はあまりないが、野菜と豆類は意識してとるようにしていた。色の鮮やかで濃い野菜は盛りつけたときも、見た目もきれいだし、油で炒めると栄養がアップするときくので、旬に安く買ってよく食べた。また、豆腐も味噌汁に、冷や奴にとよく使った。

料理をおいしく感じさせるのは、それ自

体の味も彩りも重要だが、器をふくめた全体の見た目もけっこう大きいと思う。そういう所に気を使うのは、陶芸の勉強をしているからというのもあるかもしれないが、自分でつくった器や、骨董市とかで安く買ってきた気に入った皿などに盛ると、それだけでいい雰囲気になる。薬味をのせただけの豆腐、ただのほうれん草のおひたしでも、食器一つで、少し上等な料理に思えてしまう。それはうれしいことだ。

自分でちょくちょくつくるようになると、何かひと工夫したくなってくる。変化をつけたくなってくる。スパゲッティにはまってからは、外で食べるときに「何を使っているのか?」とか、「何の味だろう」「この具とこの野菜の組み合わせはうまいなあ」など、そのよさを探すようになった。そして、うちでつくるときに似たような材料で試してみる。

また、具を増やすなどして、その店で食べるよりも安く豪華に、たくさん食べられることになるとさらに楽しい。そのうえ、食後にと買っておいたデザートをつければ大満足で、「もうあの店にはいかんでいいわ」という気分になったりすることも、たまにある。

楽しみ方はいろいろ

●市場

料理が楽しくなった大きな理由の一つに、新鮮な食材が安く豊富な市場が、わりと近くにあったことがあげられる。近場にスーパーもあったが、できるだけ市場に足を運んだ。沖縄の公設市場は、どこか日本ばなれした独特の雰囲気で、散歩するだけでも楽しいところだ。

別に何を買うという目的がないときでも、

●僕がはまった料理

炒飯

かんたんで、自分でつくった方が
「炒飯の素」などでつくるより断然うまい。

つくり方

1 フライパンを強火で熱し、サラダ油とごま油を適量ひく。溶き卵を「ジュッ」と半熟に焼き、器へ。
2 小さく切ったベーコンとねぎを強火でざっと炒め、こしょうを少しふり、卵を入れた器に移す。
3 あらためて、フライパンにサラダ油とごま油を少しひいて、みじん切りのしょうがを強火でかるく炒め、ご飯を入れてバラバラにしながら混ぜ強火で炒める。
4 卵と具を加え、ご飯とよく混ぜ、塩で味つけ。香りづけにしょうゆを「ジュッ」とたらしてでき上がり。

材料(1～2人分)
冷やご飯…茶碗2～3杯　ベーコン…2～3枚
卵…2個　万能ねぎ、しょうが、塩、しょうゆ、こしょう、ごま油、サラダ油

ゴーヤーチャンプルー

最初は苦くて食べられなかったが
市場でおいしいのを食べ、つくり始めた。栄養満点。

つくり方

1 ゴーヤーを洗って縦半分に切り、スプーンで種をとり出し、約5mmの厚さで半月切りにする。
2 切ったゴーヤーをかるく塩もみして、水にさらす。
3 フライパンを強火にかけ、油をひいてよく熱する。
4 島豆腐(沖縄の豆腐。もめん豆腐でも可、水けをきる)を手でちぎって入れ、少しこげ目をつける。そこにゴーヤーを入れてそのまま強火でざっと炒める。
5 溶き卵を入れ、塩と粉末だしで味つけし、完成。

材料(1～2人分)
ゴーヤー(にがうり)…1～2本
島豆腐…半～1丁
卵…1個　塩、粉末だし、サラダ油

レコード屋にいくついでにブラブラ見てまわるのはよくあることで、お気に入りの場所だった。また、朝市が毎日たつところも別にあって、徹夜で作業をした朝など、気分転換をしに朝市散歩にいき、朝食のりんごを買ったり、市場の軽食屋でコーヒー牛乳を飲んで休憩したりすることも、しばしばあった。

●地元料理

ゴーヤーチャンプルーやソーミンチャンプルー、ゆし豆腐など、沖縄のかんたんな家庭料理も、市場や小さな食堂で食べては見よう見まねでつくったりした。地元料理のこつや味は、地元の友人に聞けばすぐにおいしくつくることができるし、地場の食材でできるため、一番安上がりなのでおぼえておくと得だと思う。

●自家栽培

よく使う薬味やハーブ（たとえばパセリ、バジル、しそなど）は、部屋のベランダなどで育てると楽しい。何せ採りたてを料理に使えるので、香りもよく、気分もいい。ハーブ類は生命力が結構つよいようなので、水さえやっていれば枯れることもあまりないし、どんどん大きくなって料理にもケチらず使えるというわけで、めんどうがない。それに家に植物があるっていうのはいいものだ。

●友人と食べる

家に人を呼ぶとなると、飯をつくる気分が増幅する。1人で食べるより2人。3人で食べるより4人。という感じで、たくさんつくって、みんなできれいに食べて、食器洗いはほかの人にやってもらう。

ひとりで料理をするときも、1人分だけをつくることはあまりない。カレーや煮もの、スープなど、たくさんつくったほうがうまいと思うものは鍋いっぱいにつくり、何日かかけて食べたり、人を呼んで片づけたりする。

●オリーブオイル

オリーブオイルを使うようになってからは、サラダオイルをあまり使わなくなった。中華や沖縄料理、和食以外はほとんどオリーブオイルである。しょっちゅうオイリーなスパゲッティを食べていたが、たくさん使ってもぜんぜん油っぽくなく、香りがいいので、消費も早かった。

輸入もののオリーブオイルのボトルは見た目もなかなかよくて、デザインが凝ってたり、かわいらしかったりするので使うたびに楽しく、台所においてあっても雰囲気がよい。

●スパゲッティにはバケット

スパゲッティの味つけについては、トマトソースやミートソースがあまり好きではないので、塩味が基本だった。ペペロンチーノにいろいろな野菜やチーズを入れただけという感じ。

スパゲッティを食べたあと、ソースが皿に結構残る。このオイルがすごくおいしいので、バケット（フランスパン）を用意しておくと、それをつけて食べることができ、オイルがもったいなくない上、皿もきれいになって気分がよい。

●たまにはちょっとうまい店で食べる

「節約する」という意味もあって自炊をしているが、あまり「節約節約」といわないで、たまにはちょっとしゃれた店や、人気のある店にいってみる。そこでおいしいものを食べてシェフの味を盗むという手も、自炊を楽しくする方法の一つだと思う。やはりうまいもんを食わないと、うまいもんはつくれないのじゃないかとも思う。

●音楽かけて「料理モード」に

あまり料理には関係ないかもしれないが、「さて飯をつくるぞ」というときには、まず音楽をかける。

わりとノリノリで、音量大きめで楽しくやる。自分でつくるのがめんどうくさいときもあるので、料理モードに切り替えるために、そのときの気分の音楽をかけ、料理ムードにする。

そんな風にして気分を盛り上げると、結構テキパキ動けて、めんどうくさいと思っていた場合にも、いつの間にか楽しくやっていたりする。しかし、それで必ずしもうまいもんができるかというと、それはまた別の話。

トマトが甘くておいしいと、
すぐうまくできる。
麺の太さは、食べた気がする
太めの1.9mmが好きだ。
アスパラやバジルを入れると
もっと華やかになる。

トマトと モッツァレッラチーズの スパゲッティ

●つくり方

1まず音楽をかける（Hiphop、R＆B、Punk、Jazz、Ragae、Hardcore…）

2ソースをつくりはじめる

・にんにくはみじん切りに、ベーコンは適当に切り、島唐辛子（沖縄の唐辛子。赤唐辛子でも）といっしょに大きめのフライパンに入れる。そこにオイルをかけ、こしょうをふり弱火で温めておく。

・5cmくらいに切ったグリーンアスパラガスを、塩を入れて約2分茹で、湯をきって小皿へ。

3麺を茹でる準備

・大きめの鍋でたっぷり湯を沸かす。

4ソースの具の用意

・バジルはちぎり、トマトとチーズはサイコロより少し大きめに切る。オリーブとマッシュルームはスライスかそのままでも。

5麺を茹でる

・湯が充分沸騰したら、大さじ2〜3杯の塩を入れて麺を一度に入れて茹でる。

・1.7〜1.9mmの麺は5〜6分であげている。1本食べてみて、ちょっとかため（アルデンテ：麺をグッと2回つまんで、2回目にポロッと切れたらOK）くらいで、茹で汁をカップ1杯とって火を消し、ざるに麺をとる。

6ソースを仕上げる

・鍋で麺を茹で始めたら、フライパンにオリーブオイル、オリーブ、マッシュルーム、アスパラガスを入れてオイルになじませ、弱火でゆっくり炒めていく。

・麺が茹で上がる頃、トマト、チーズ、バジルをフライパンへ。このときにんにくがキツネ色になっていればいい。

7麺をソースであえる

・麺をざるにあけたら、すぐにソースをつくったフライパンに入れて、中火でよくあえる。

・カップにとっておいた麺の茹で汁を加減を見ながら加えつつ、塩で味つけをする。

・麺のかたさと味がいい感じになったら、大皿に盛り、熱いうちに食べる。

●材料

・トマト…1〜1個半
（甘い香りが強い〝桃太郎〟がよく、適度に熟したもの。トマトで味が左右する）
・チーズ（モッツァレッラ）…100g（少し多め、ちょっとゼイタクに）
・麺…150〜250gくらいか？
・島唐辛子（生）…1個　赤唐辛子なら2本
・にんにく…3〜4かけ
・グリーンアスパラガス…2〜3本
・ベーコン…1〜2枚
・マッシュルーム
・オリーブの実（黒）
・バジル…4〜5枚
（できればフレッシュ、乾燥でも可）
・オリーブオイル…大さじ約5杯
・こしょう…少し
・塩…まあまあ
・バケット…食べたいだけ

●スパゲッティいろいろ

野菜スパゲッティ

・なす／バジル／オクラ／ベーコン／グリーンアスパラガス／ブロッコリー／赤ピーマンなどで。
・麺の太さ（1.7〜1.9mm）

じゃが芋のスパゲッティ

・シーチキン／パセリ／じゃが芋／グリーンアスパラガスなどで。
・麺（1.7〜1.9mm）

トマトとしらすのフェデリーニ

・トマト（フレッシュ）／しらす干し／バジル（ほんとうはディルの葉）
・麺1.4mm（フェデリーニ）

共通して入れるもの

・にんにく
・マッシュルーム（缶）
・島唐辛子（赤唐辛子）
・オリーブの実（缶）
・クレイジーソルト（粗い塩とハーブ、スパイスがいっしょに入っている調味料で、味つけの仕上げに便利。おいしい）

○ベーコンや生唐辛子、ねぎなどは、一度に使いきらないことが多いので、いつでも使えるように工夫している。きざんでポリ袋やタッパーに入れたり、ラップに包んで冷凍しておくと、ちょっと使いたいときにいい。

炒飯

肉、卵、ねぎなど身近な材料でつくる炒飯

●つくり方 フライパンにサラダ油を熱し、溶き卵を入れて半熟状（写真**1**）にしてとり出す。油をたして、ご飯を炒め、焼き豚、ねぎを加えて炒める。塩、こしょうで味をつけ、卵をもどして混ぜる。仕上げにしょうゆをまわし入れる。

●材料		●下準備
焼き豚（ハム、ウインナーなどでも）	30g	1cm角に切る
卵	1個	塩を入れて溶いておく
塩	少々	（同上）
長ねぎ（青い部分もよい）	1/3本	小口（薄切り）に切る
塩	小さじ1/2	
こしょう	少々	
しょうゆ	小さじ1	
サラダ油	大さじ2	
ご飯	約200g	

1

2

●ポイント

［炒める］

冷やご飯のときは炒めにくいので、電子レンジで温めてから炒める。ご飯は広げながら、へらで押しつけて焼くようにすると（写真**2**）、パラッと炒められる。

◯ケチャップ味、カレー味にしてもよい。

◯具は上記に限らず、そのときあるいろいろな種類を入れてもよい。ベーコン、玉ねぎ、ピーマン、レタス、コーンもおいしい。

つくってみたい定番料理

マーボー豆腐

食欲を刺激するピリ辛味

●つくり方　フライパンにサラダ油を入れて熱し、ひき肉、トウバンジャン、みじん切りの香味野菜をいっしょによく炒める。合わせ調味料を加え、煮立ったら、豆腐とねぎを入れて1〜2分煮る。ごま油をふり入れ、水溶き片栗粉でとろみをつける。

●材料　／　●下準備

豚ひき肉……………………………………60g
香味野菜（にんにく、ねぎ）…………各小さじ1……みじん切り
トウバンジャン…………………………小さじ1/2
豆腐 ……………………………………1/2丁……半分にして、1cm厚さに切り、水けをきる
長ねぎ（青いところもよい）…………………5cm……小口切り
合わせ調味料
　スープ（中華だしと水）…………1/2カップ
　酒・しょうゆ …………………………各大さじ1
　砂糖…………………………………小さじ1
　（以上）合わせておく
ごま油………………………………………小さじ1
片栗粉………………………………………小さじ1
水……………………………………………小さじ2
（片栗粉・水）水で溶いておく
サラダ油……………………………………大さじ1

1

2

●ポイント

［炒める］

肉はほぐすように炒め、ポロポロにする（写真**1**）。豆腐を入れたら火を弱める。くずれやすいので、あまり混ぜない。

火を止めて水溶き片栗粉をまわし入れる（写真**2**）。フライパンをゆするようにして再び火を通す。

○ていねいにするなら、香味野菜をこがさないように炒めてから、肉を加えるが、いっしょでも大丈夫。

「上手に手ぬき」で快適自炊

山縣　基

25歳・学生・ひとり暮らし歴3年

学生である私の食生活のテーマは「いかに安く、手をかけず、栄養バランスのよい食事をとるか」です。これを追求していくと"3食自炊"になりました。夕食を2食分つくり、翌日の昼にまわすなど「上手に手ぬき」をすれば思うほどたいへんではなく、材料もむだになりません。

基本は安く栄養バランスよく

この3年間、曲がりなりにも自炊をしてきた私の食生活をふり返ってみました。

まず、いかに安く食事をとるかですが、これは、学生である私にとっては避けられない問題です。アルバイトで多少の収入はあるものの、月に5～6万も食費がかかってはとてもやっていけません。大学には学生食堂があり、手ごろな値段で食事ができますが、毎日利用していたら食費は高くなってしまいます。そこで私は、3食とも自炊をしています。

買いものは週に3回の割合で近くのスーパーでしていますが、毎日、新聞の安売り広告をチェックするようなことまではしていません。ふだんよく買う野菜や肉などは、そのときの値段と質を見て妥協するものを買っています。ただ、たまにしか買わない油やしょうゆ、みりん等といったものは、残りが少なくなったら値段をチェックし、安いときに買うようにします。外食はもちろん、お惣菜も高いので、よほどつくるのがめんどうなとき以外は買わないようにしています。

ひとり暮らしは、自分で健康面をふくめた自己管理をしていかなければならないので、栄養バランスのよい食事をとることはとてもたいせつです。私は、過去に過度の疲労と栄養の偏った食事のために体調をくずしたことがあるので、それ以来、とくに気をつけるようにしています。ひとり暮らしの場合、体調をくずしても基本的には自分でどうにかするしかないので、そうなる前に自己防衛しています。たとえば、疲れがたまって体がだるいときは、レバにら炒めをつくって食べれば、私の場合、ほとんどは回復します。また、バランスのよい食事をつくれば、必然的にバラエティーに富んだ食事になるので、食事が楽しくなり、身体的な面だけではなく、精神的にも健康でいられます。私のいう「バランスのよい食事」とは何も厳密なものではなく、家庭で食べてきた食事を思い起こしたものです。

「上手に手をぬく」ポイント

自炊を続けていく上で「いかに安く、バランスよく食べるか」についてはよくいわれることですが、もう一つ「いかに手をかけずにそれらを実行するか」が、非常に重要なことです。

ひとり暮らしを始めたころは、張りきって毎日自炊をしていたのに、しばらくするとめんどうになって外食やコンビニ弁当に頼ることになったという声は、少なからず耳にします。

実際、私自身も毎日自炊をしているとめんどうになりますし、忙しいときにはさらにつくるのがいやになります。しかし、そこで自炊をやめてしまうと、安くてバランスのよい食事をとることはできなくなってしまうので、私は妥協点を探しながら可能なところでは手をぬいて、自炊をしてきました。

私のアパートは大学のそばにあるため、昼食は家にもどってとります。始めは、帰宅してからチャーハンなどをつくっていましたが、今はわざわざその時につくらず、前日の夕食を多くつくり、その残りを電子レンジで温めて食べるかたちに落ちついています。そうすることで1食分つくる手間がはぶけます。また、教育実習中に弁当を持っていかなくてはならないときも、基本的に前日の夕食のおかずを入れていきました。

夕食時におかずをつくるのがめんどうなときは、味噌汁にいろんな材料を入れてしまうことで手間をはぶいて、かつ栄養バランスのよい食事をとることができるようにしています。それは、いわゆる豚汁のようなものなのですが、始めに材料を炒めない点が異なります。鍋で湯を沸かしているうちに、材料をきざんでしまって、あとは具を入れて煮えるのを待つだけです。これでもものたりない場合には、ご飯に納豆や生卵をつければ完璧です。

炒めものをするときなどは、豚こま切れ肉を使えば包丁を使う必要がありませんし、まな板も洗剤で洗わずにすみます。あまり汚れていない食器は水でかるくすすぐだけにするなど、後かたづけにも極力手間をかけないようにしています。

5日間の料理くりまわし

基本的に夜に2食分つくり、翌日の昼の主菜にもしています。炊飯器と電子レンジのほかは火口がひとつなので、昼・夜の食事は、ご飯、味噌汁、主菜一品をつくるので手いっぱいです。副菜に酢のものをつくっておくとよいのですが、手がかかるので味噌汁の具に野菜をなるべく多く入れます。理想的には朝食に卵と野菜が入るといいのですが…。

●1日目
朝食　食パン2枚（スライスチーズ、ジャムをのせて）、牛乳、ヨーグルト
昼食　ご飯、豚汁、納豆
夕食　ご飯、マーボーなす・豆腐

●2日目
朝食　同上
昼食　ご飯、マーボーなす・豆腐
夕食　ご飯、味噌汁（じゃが芋、豆腐、しめじ）、鮭のホイル焼き

●3日目
朝食　同上
昼食　ご飯、生卵、味噌汁（じゃが芋、豆腐、しめじ）
夕食　ご飯、肉じゃが

●4日目
朝食　同上
昼食　ご飯、肉じゃが
夕食　親子丼、味噌汁（じゃが芋、大根、しめじ、豆腐）

●5日目
朝食　同上
昼食　ご飯、味噌汁（じゃが芋、大根、しめじ、豆腐）
夕食　ご飯、豚汁、納豆

●私の"上手な手ぬき"料理

レバにら炒め

体調がわるいときに食べると
元気が出る。

つくり方

1 玉ねぎ、人参、にらを食べやすい大きさに切る。
2 レバーに塩・こしょうをし、ポリ袋の中で片栗粉をまぶして炒め、皿にとる。
3 野菜を炒め、レバーをもどし、塩、こしょう、しょうゆで味つけをしてでき上がり。

材料

豚レバー（水にさらし血ぬきしておくとおいしい）
玉ねぎ、人参、にら
塩、こしょう、しょうゆ、片栗粉、サラダ油…適量

マーボーなす・豆腐

マーボーなすとマーボー豆腐を組み合わせた。

つくり方

1 なす、人参、玉ねぎ、ピーマン、しめじを食べやすい大きさに切る。人参は薄めに。
2 豚ひき肉、人参、玉ねぎ、ピーマン、なす、しめじの順に炒めながら加えていく。
3 酒、味噌、みりん、塩、しょうゆ、一味唐辛子を混ぜた調味料を加え、豆腐を適当に切り入れる。
4 最後に水溶き片栗粉を入れ、とろみをつける。

材料

豚ひき肉…約100g　豆腐…半丁
なす、人参、玉ねぎ、ピーマン、しめじ
酒、みりん、味噌、塩、しょうゆ、
一味唐辛子、片栗粉、サラダ油…適量

料理はアレンジしてものにする

私がひとり暮らしを始めたのは約3年前のことで、それまでに寮生活をしたこともあったため、ご飯を炊くことや味噌汁をつくることくらいはできるようになっていました。しかし、おかずに関してはほとんどつくったことはなく、買いものから後かたづけまで通してしたという経験もありませんでした。

ひとり暮らしを始めた当初は、母に電話で料理を教わったり、たまに本屋で料理の本を立ち読みし、メニューの参考にしました。料理の本で参考になったのは、スーパーでふつうに売っている材料を使い、一つの鍋やフライパンでできる料理でした。

実際に料理をするときは本に書いてあった通りにつくるのではなく、たとえばトウバンジャンであれば、味噌と唐辛子を入れるというように適当に自分でアレンジして、まるで理科の実験をしているような感覚で料理をしています。

以上のような私の食生活は完全とはいえないものの、経済性や栄養面、料理にかけられる手間や時間、おいしさなど、食生活のさまざまな面のバランスのとれたところで、落ちついていると思います。

今日も元気だ食事がうまい。男ひとりの食生活

津田 貢

51歳・花卉園芸家・ひとり暮らし歴5年

園芸家を目指して脱サラ後、単身北海道に渡り6年目を迎えている。食事は基本的に3食自分でつくるが、料理は「楽しみ」というより、ハードワークに耐える肉体のための「エネルギー摂取・健康維持の必要手段」と位置づけている。

「三原則」でむりなく健全な食生活

そもそも私が食事づくりを始めたのは、子どもたちがまだ幼いときのことである。当時2人の保育園児を抱えた共働きのわが家は、夫婦共に多忙で、たがいの予定を都合し合いながら、交替で残業をこなしていた。ときには私が3カ月に渡って、子ども2人の食事をつくったこともある。悪戦苦闘しながら腕を上げたというよりは、慣れていった。そのころの食事づくりは子どもの健康と、母親不在の日の食卓をいかに盛り上げるかが主眼だったような気がする。

それから25年のときが経ち脱サラした私は、家族を東京に残し単身北海道に渡り、花づくりを始めた。ひとり暮らしで慣れない農作業をこなし、100kmマラソンやフルマラソンの大会に出場する私にとって、健康な肉体こそが最大の財産であり資本でもある。その意味でもバランスのとれた食事は、何にも代えがたい大切なものである。

学生時代からスポーツをつづけていて、50歳代に差しかかった自覚が希薄な私は、食事量も若い時分と変わらぬ大食漢である。しかし五十路を迎えて、今までの食生活をつづけていく危険性を徐々に感じ始めた。そこで、食生活をむりなく健全にするための三原則を次のように決めた。

1、野菜を意識過剰に食べる
2、食事づくりはうまく手ぬきする
3、コスト感覚をもつ

この原則を常に意識しながら私の食生活は運営されている。

「献立パターン化」で効率・経済性アップ

ひとり暮らしを始めた当初は、料理本を見ながら、張りきって次から次と挑戦してみた。しかしこれはすぐに息切れし、あれも食べたい、これも食べたいの段階を卒業した。また、現在では週に1度の買い出しですませられるようになっているが、最初のころは冷蔵庫にある材料で臨機応変にとはいかず、献立を決め、レシピにしたがって買いものしなければ料理ができなかった。これでは時間も費用も材料も不経済である。

そもそも、わが家は結成以来25年間、買いものは週1回というスタイルで過ごしてきた。門前の小僧ではないが、長年この買いものにつき合うことで、いつの間にか週

単位の必要量が身についていたというよりは、どうもうまいこと妻に教育されていたようである。
　1週間サイクルで献立をある程度パターン化して何組かをくり返す、いわゆる旅館の食事形式を採用することで、買いものもパターン化し、非常にらくになった。「何をつくろうか」といったことに悩むこともなくなった。これは効率化にかなり貢献しているし、余計なものを買わないので経済性の向上にもつながる。
　とくに朝食、昼食は固定化している。ちなみに、朝はパン、牛乳、ベーコンエッグに野菜サラダ。昼は具に野菜たっぷりの麺類やパスタ類かサンドイッチやホットドッグなど。これだと用意が5分ですむ。

野菜を意識過剰に食べる

　私は基本的に好き嫌いはない。しかし無計画に食べていると、どうしても肉類の摂取量が多くなる。主菜のたんぱく質は意識しなくても充分摂取するので、ともかく一日の野菜摂取量を増やすこと、とくにほうれん草や人参などの緑黄色野菜を意識して多めにとる。肉類はなるべくひかえめを心がけ、バランスのとれた食生活になるよう努めた。

　問題は野菜を大量に食べることの難しさである。ひとり暮らしの食生活の一番のポイントは野菜をたくさんとる工夫にあるといっても過言ではない。あきない食生活は野菜が決め手である。サラダはもちろんよく食べるが、意外に野菜の摂取量は少ない。
　煮たり焼いたりすることで量を稼ぎたいが、野菜単独では限界がある。そこでよく、主菜とたっぷりの野菜を一つの鍋で調理する。1週間のスパンで肉と魚の必要量を買い、毎日その主菜に野菜を組み合わせていくのである。鍋料理（左図参照）がその代

「鍋」は冬のひとり料理の王様

冬になると鍋料理には連続登板してもらう。一つの鍋で主菜は魚介類から始まって、とり、豚、牛とあっさりからこってりに移りながらつづく。味も水炊き、ポン酢、味噌、キムチとだんだん濃いものを加えながらバージョンアップ。野菜は毎日適量を手当たりしだい、さまざまの種類を加えていく。そして最後は栄養エキスたっぷりのおじやが締める。最低4日は引っ張れる必殺技である。
一度お試しあれ。

1日目　水炊き
魚介やとり肉と野菜
ポン酢で

➡

2日目　豚白菜鍋
豚肉と野菜
味噌やごまだれなどで

↙

3日目　キムチ鍋
豚肉か牛肉、キムチ、
野菜、ピリ辛キムチ味！

➡

4日目　押さえのおじや
冷やご飯、
野菜などを入れて

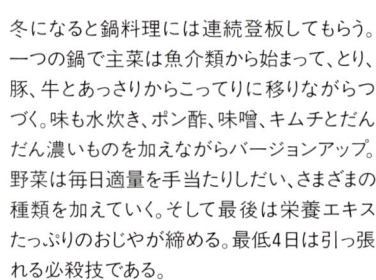

表的なものだ。また野菜ジュースを常備し、不足分を補っている。

ちょっと一杯も食事のうち

一日汗して働いた後の風呂上がりのビールは、これに勝るものはこの世にないと思うほど、至福の瞬間である。この瞬間のために冷凍枝豆を、通年フリーザーに在庫している。ほかに豆腐や冷凍の里芋、コロッケなどもよく利用する。つまみはなるべく野菜を意識するが、ウインナーを電子レンジで加熱して、マスタードたっぷりで食べるのもなかなかいける。このように動物性たんぱく質を摂ったときはその後の夕食時に調整する。

ご飯を炊くのは週一度野菜はきざんで保存

料理が趣味の人や短期的になら張りきって凝るのもよいが、料理不得意の一般的男たちにとって、料理の日常化は、いかに手ぬきし長続きさせるかが秘訣と思う。手ぬきが安かろう悪かろうになってしまっては元も子もないが、上手な効果的手ぬきは有効技である。

たとえば味噌汁などは、ひとり暮らしを始めたころは、だしをとって野菜をきざんで、あるいは具に変化をつけて、といった具合だったのが、だし入り味噌を使うようになり、今はひとり用の小袋入りインスタント味噌汁（生味噌）に、冷凍しておいたきざみ油揚げとカットわかめを入れたものですませている。つくる手間と満足感を秤にかけた結果である。

また毎日炊いていたご飯も、今は週一度、大量に炊き、1食分ずつ容器に入れて冷蔵庫で保存する。食べる前に電子レンジで温めれば、冷凍するより早くおいしく食べることができる。

スーパーで売っている肉類や魚などの単位はひとり暮らしには不適切な量なので、肉は生のまま、魚は焼いてから1食分ずつに分けてラップで包み、冷凍庫へ入れる。ほうれん草は多めに買ってきてすぐに茹で、密閉容器に入れて冷蔵庫で保存、3～4日で食べる。もやしもさっと茹でて冷蔵、利用頻度が高いキャベツやピーマン、人参などはある程度の分量をきざんでポリ袋へ。ぎゅっとにぎって空気をぬいて口をねじり、冷蔵庫で保存すると4～5日はもつ。料理をつくるときは必ず多めにつくり、冷凍庫の在庫確保に努めている。

そのほか市販の冷凍食品やレトルト食品は大いに活用するが、野菜を入れたり肉を加えたりと、ちょっと手を加えるだけで生まれ変わる。カツや唐揚げなどの揚げものは既製のものを買ってきて冷凍しておき、随時使う。そんなわけで、夕食の準備時間はせいぜい15分程度ですませている。

後かたづけの負担もなくす

ところで、とっておきの手ぬき料理のエースに鍋ものがある。秋から春先までの半年間大いに活躍する。よく巷では、ひとりでつつく鍋料理が侘《わび》しさの代名詞のごとくにいわれるが、そういう人はひとり料理を解っちゃいない。これほど栄養バランスがとれて、かんたんであきないものはない。

たいがいの男にとって料理をつくることもさることながら、後かたづけがこれまためんどうくさいと感じる。その点、鍋料理や電子レンジの活用は、調理器具を洗う手間がはぶけてよい。食器数もなるべく一皿盛りにして減らしている。要は食事づくりにあまり負担を感じずにすませたいのである。

ときどき妻が東京から来てまとめづくりをし、冷凍庫を満たしてくれる（33頁参照）。そのほとんどは私がふだんつくらないもので、野菜も肉もバランスよくふくんでいるが、こればかりに頼っていると向上心と意欲がそがれてしまうので、〝非常用特別食〟として位置づけ重宝している。

●カンタン、うまい！私の料理

鮭のホイル焼き

北海道の「ちゃんちゃ焼き」（鮭のバーベキュー）風のホイル焼き。

つくり方

1 野菜をきざむ（私の場合、冷蔵庫に切ったものを入れておくので、それを出すだけ）。

2 甘塩鮭をアルミホイルにおき、野菜をのせる。

3 その上に味噌（全部だと辛い）をしぼり出し、七味唐辛子をふり、バターをのせる。

4 汁がこぼれないようにきっちりと包み、オーブントースターで12〜13分焼く。

（味噌をマヨネーズにすると若向きに）

材料

甘塩鮭

野菜（キャベツ、しいたけ、人参、玉ねぎなど）

インスタント味噌汁（ひとり分の生味噌状）

七味唐辛子／バター

パンプキンスープ

意識しないと食べられない緑黄色野菜を、何とか食べようとあみ出したもの。

つくり方

1 冷凍のかぼちゃを3〜4個、電子レンジで解凍する。

2 牛乳を鍋に入れて、温め、スープの素を入れる。この中にかぼちゃを入れ、煮こむ。

3 かぼちゃの形がなくなったら（つぶしてもよい）バターをおとしてでき上がり。カンタン、うまい！

材料

冷凍かぼちゃ

牛乳

スープの素（顆粒が溶けやすい）

バター

"コスト感覚"の導入で健康管理

手ぬきとは若干相反するが、コスト感覚をもって料理と向き合うようにしている。ひとことでいうなら投下した資本、つまりエネルギーへの対価の評価である。それが健康であり味や満足感であり、経済性でもあるが、私は健康を第一義に考えている。

もちろん主婦が毎日つくる食事はわざわざ理論化、体系化しなくても、これらの要素がバランスよくふくまれるのだろう。男のひとり料理ではあえて理屈っぽく理論化し、コスト感覚をもって料理に向き合うことで、日常の仕事と同レベルの行為となる。

たとえばある食品を購入する際、複数の商品の価格の対比や鮮度、ポストハーベストや添加物など安全性の考慮などの要素を秤にかけながら、食べたい欲求や自分の健康面を分母に決定する。また料理をする際にも、外食をしたりコンビニ弁当を食べる安易さと自炊のめんどうくささを、自分の健康への貢献度をキーとして製作意欲をかき立てている。こう考えると形こそ違え、基本的には会社での仕事と変わらない世界になる。食事にそこまでエネルギーを使わなくてもといわれるかもしれないが、そう対処することで、大事な財産である私の身体の運営、管理をするのである。

夫の健康を考えて訪問時にまとめづくり

津田麻子

夕食をたっぷりつくり冷凍

フルタイムで働く私が、夫の暮らす北海道を訪れるのは年に数回。滞在期間は長くても1週間です。

滞在中、日中は苗の定植、採花などに忙しく過ごすため、食事づくりにかけられる時間は少ないのですが、5年間も自炊を続け、そろそろ疲れの見え隠れする夫の「心」と「身体」の健康を考えて、いつも冷凍庫をいっぱいにして帰京します。

「何が食べたい？」「うまいもの」これが千歳空港到着後にかわされる恒例の会話。夫のいう「うまいもの」を解釈すると、自分ではつくれない料理らしい料理、わが家の味、そんなところでしょうか。さらに栄養のことも考えて、肉は適量で、そこに野菜がたっぷりと入る一品料理を基本にして、滞在中のおおよその献立を、頭の中で立てます。「むりはしない」が台所に立つときの私の方針ですから、その日の夕食づくりの際に同じものを大量につくり、残りを夫の1食分ずつに分けると3～5食分の冷凍ができます。

たとえば回鍋肉《ホイコーロー》、わが家特製シチュー、具だくさんの豚汁などですが、このほかにおからやひじきの煮ものなど、冷凍できるものはすべてたくさんつくります。主菜を1日5食分つくれば、1週間では35食分できる計算です。

冷凍にはフリージングパックを使っていますが、原則はできるだけ空気をぬいて薄く凍らせること。袋には冷凍前に料理名を書きこみ、それを本のように立てて並べて保存します。

おからやひじきなどはラップで小分けにし、5～6個をいっしょにフリージングパックに入れて、ほかと同じように立てると使い勝手もいいようです。

夫の言葉によれば、私が北海道滞在中につくる料理は「非常用特別食」と位置づけられているようなので、在庫はかなり長もちし、夫はますます料理の腕を上げることでしょう。

わが家特製シチューと冷凍料理のこつ

フリージングすると味がやや落ちるのは仕方のないことです。それでももとの料理がおいしければ、それなりの味は保つので、私は日頃手慣れていて「これはおいしい」と思うものをつくります。

「わが家特製シチュー」は、子どもたちが保育園に通っているころ、肉やたくさんの野菜がとれる料理として考えたもの。肉は牛こまを使い、玉ねぎ、人参、ピーマン、セロリ、なす、しいたけ、えのきだけなど、小さめにきざんだ野菜と煮こみます。バターで肉、にんにく、玉ねぎを炒めたらワインとトマトジュースを加え、水は一切入れません。ここにほかの野菜とスープの素を入れ、ベイリーフと共に煮ること40分。途中でケチャップ、ソース、しょうゆなどで味に深みを出します。とろみはつけませんが、たくさんの材料からでたスープが煮詰まって、味は抜群。

野菜は小さめにきざむのがポイント。ことに繊維のあるものはその繊維を切るようにきざみます。豚汁も野菜は小さめに。こんにゃくや豆腐は凍るとスポンジのようになるので、冷凍する料理には使いません。

豚肉のしょうが焼き　かんたん肉料理の決定版

つくってみたい定番料理

●つくり方　フライパンにサラダ油を熱し、下味をつけた肉を強火で両面焼き、
残りの汁(下味)をからめて仕上げる。
せん切りの生キャベツをしいた皿に、汁ごと盛る。

●材料　　　　●下準備

豚肉しょうが焼き用 ……………………100g……すじを切って(写真**1**)半分にし
下味(しょうゆ・酒各小さじ2、しょうが汁小さじ1)……下味の調味料をまぶして10分おく(しょうがはおろしてしぼる)
サラダ油……………………………大さじ1
キャベツ(レタスでも)……………………2枚……せん切りにする

●ポイント

[焼く]
肉は広げてフライパンに重ならないように入れて焼く。
◯厚切り肉でつくるとボリュームがでて見栄えがする。すじ切りをていねいに。
◯フライパンに残った汁で、キャベツ、もやし、ピーマンなどを炒めてもよい。

1

ポークカレー

薄切り肉を使って
短時間でできるカレー

●つくり方　鍋にサラダ油を入れて玉ねぎを炒める（写真**1**）。豚肉を入れて肉の色が変わるまで炒め、人参、じゃが芋も加えて（写真**2**）炒める。全体に油がまわったら水を加え、煮立つまで強火、あくをとり弱火で約10分煮る。ルウと調味料を入れ、さらに約15分煮る。

●材料（2食分）		●下準備
豚肉薄切り	150g	ひと口大に切る
じゃが芋	1個	ひと口大に切り、水に放しておく
玉ねぎ	1個	薄く切る
人参	1/2本	ひと口大に切る
水	3カップ	
カレールウ	小1/2箱	
塩	小さじ1/4	
こしょう	少々	
ウスターソース	小さじ1	
トマトケチャップ	小さじ1	
サラダ油	大さじ1	

1

2

●ポイント

［炒める］
玉ねぎをよく炒めると味にこくが出る。

［煮る］
煮立つと同時に浮いてくるあくはすくいとる。こげつかないように、鍋底から混ぜる。

◯翌日はカツカレーに。カツ（市販品でよい）をトースターなどでカリッと温めてご飯にのせ、上から熱いカレーをかける。

◯カレーうどんに。残りのカレーを火にかけて湯でのばし、しょうゆで味をととのえ、茹でうどんを入れて温める。ねぎがあれば最後に小口切りにして放すと最高。

手づくりと団らんは最高のソース

荒井偉作

31歳・教師・ひとり暮らし歴5年半

ひとり暮らしで自炊をする場合、「安く健康的に」ということが一番の理由だと思いますが、実際に自炊をしていると「手づくりはおいしい」という法則にも気づきます。自分で調理したものでも友人がつくってくれたものでも、とにかく手づくりだと食欲が一段と増すのです。

節約・健康・手間いらず

僕は基本的には外食やレトルトものには頼りません。動機はいたって単純で、経済的に節約をしたい、という思いからでした。外の食堂やレストランでは食費がかさむし、食材もでき合いのものを使うと値段が高めになってしまいます。またインスタントやレトルトの食品では味けないし、健康にもあまりよいと思えません。

毎年血液検査を受けていますが、今年の結果は善玉コレステロールが平均以上、それ以外はすべて平均の範囲内、という結果でした。これは健康的な食生活を送ってきたおかげだと信じています。

自炊といっても特別に手間暇をかけて食事を用意しているわけではありません。料理の知識も技術もない、時間もかけられない、おまけにめんどうくさがりな僕でも、かなりらくをしているつもりです。

自炊生活のこつ

●料理を楽しむ

多少手間のかかることも、楽しんでいれば苦になりません。趣味と実益を兼ねて気楽にやることです。自分でつくった味に自己満足するもよし、人を呼んで共同作業を楽しむもよし、新しい味に挑戦したり工夫を試すのも苦労というより楽しみです。

●調味料を揃える

料理は素材はもとより調味料が命だと思います。近所でふつうに手に入る素材でも調味料次第でおいしくできます。和風、中華風、洋風、エスニック風、と自分の好みで徐々に揃えていくといいでしょう。実際に使っていて便利な調味料は38頁のようなものです。

●"おいしいもの"リスト

どこかでおいしいものを食べたとき、見たとき、自分でもできそうなものがあったら、素材と味つけなどをかんたんにメモしておくと役に立ちます。あるいは知り合いから、その人のお気に入りメニューを聞き出すのも一つの手です。

食材優先で「買いもの上手」

買いものをいかに手際よくこなすかが自炊の第一歩です。そのためには近所のスーパー、八百屋などを数軒知っておき、それぞれの営業時間、値段、品揃えなどの特徴をある程度押さえておくだけでだいぶ便利に使えます。近所に農家があれば旬のものを安く販売していることもあります。また

食費を節約したい場合、前もってメニュー(買う食材)を決めておくより、安い時間帯をねらって、その日安く手に入ったものを調理します。

外出先で急に買いものをしたくなったときなどのため、家に何があるか、何がたりないかをふだんから意識しておくこともテクニックです。収納場所ごと(冷蔵庫、流しの下、くだものかごなど)に分けて、視覚的に覚えると思い出しやすくなります。

栄養学の知識はあまりありませんが、なるべく多くの種類の素材(とくに野菜類)を買うよう心がけています。いわゆる健康食品にこだわるよりは、添加物の多いものやインスタント食品を避けるくらいでいいと考えています。

日々の料理のやりくり

自炊は手短にすます場合とゆっくり楽しむときとを使い分けています。とくに時間のない朝食はパンかシリアル類に牛乳、できればくだものや卵も加える、という程度を目安にしています。前の晩に多めにお米を炊いておいて食べるのも一つの手です。夕飯なども毎回調理するよりはつくりおきしたものをくりまわすことが多くあります。気分転換をしたいときには、お刺身など、ちょっと豪華なものを加えるなどします。

つくり方については、あまりレシピの分量や時間にこだわると疲れるので、失敗しないための基本と好みの調味料の特徴を頭に入れておき、レシピなしの「目分量調理」

●買いものは食材優先で効率的・経済的に

仕事帰りに近所のスーパーへ。家に残っているものを思い出しながら2、3日分の食材を探す。1周ですむよう、まず右側から。

1 くだもの、2 野菜で最近食べていないものを買う。

3 ただし「見切り品」コーナーで安いのを優先(野菜、くだものがある)。2個100円のりんごはカレーにもよい。ほうれん草は半額以下だ!

4 旬の魚が欲しい。すると幸運にもブリカマ発見。ねぎと煮こめば絶品だ。

5 肉で安いものを物色。豚のタンが半額なので不意の来客用に冷凍庫で保存しよう。ひき肉も何かに使えそう。

6 牛乳、卵はあるが、家にある赤ワインと相性のよさそうなチーズを発見。

7 朝食用にシリアルを購入。

8 このあいだターメリックが底をついたので1ビン買いたす。

ほかの列(お菓子やインスタント)には足を踏み入れない。余計なものを買わずにすむ。

——以上、約10分で完了。

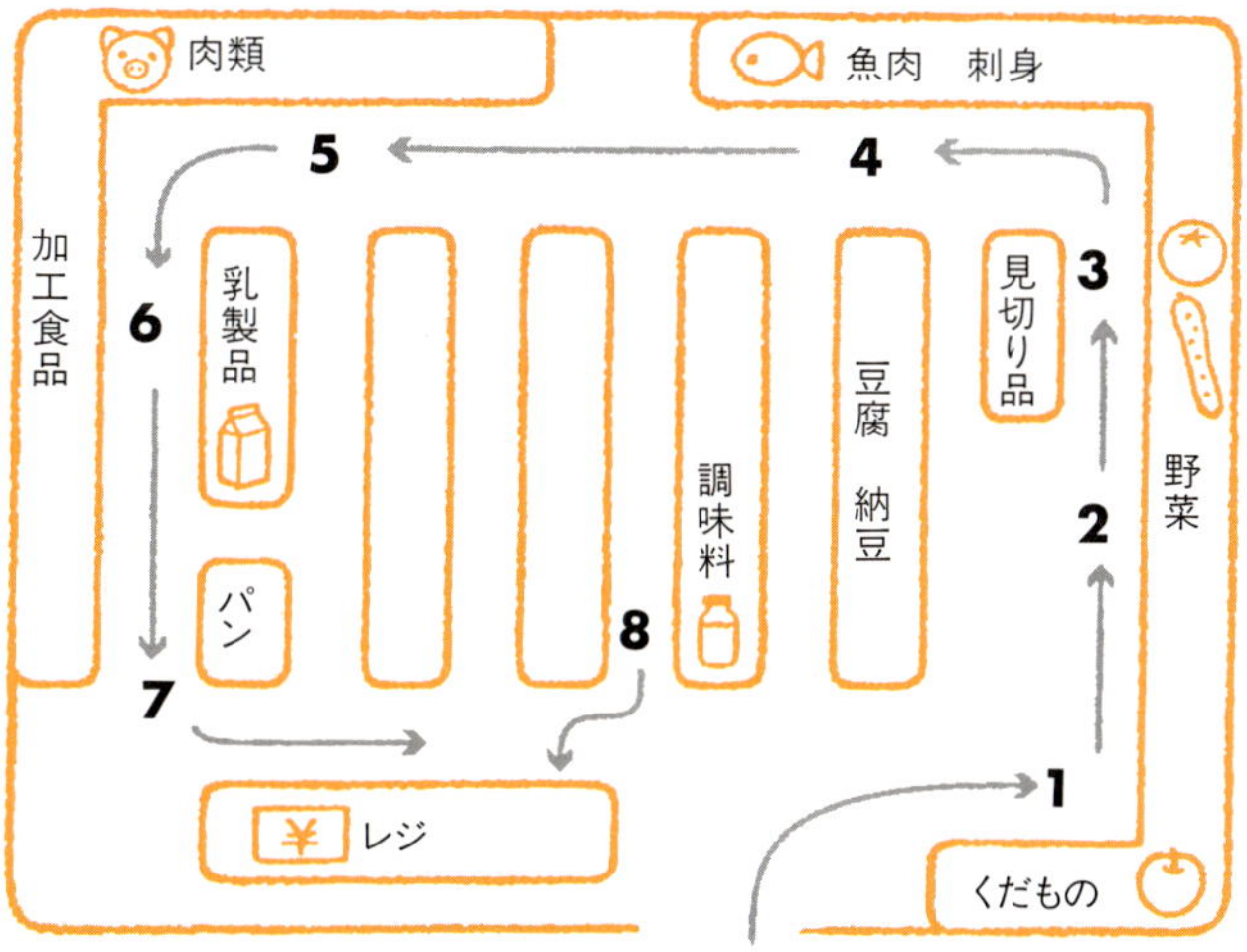

でおいしいものをつくる（努力をする）、というのが僕のパターンです。もちろんこの体得には数カ月かかりましたが。

自炊をしていると、材料や調理法が偏りがちです。たまに本や友人の知恵を参考にしてレパートリーを広げたいものです。

料理あるところに友だちの輪あり

僕の場合は、我流のテクニックに安価な素材、という粗削りな「貧乏グルメ」ですが、それでもここまでつづけてこられたのは、家計に対するポリシーと、料理の楽しさのおかげでしょう。いろいろなものが手に入る便利な時代になると、かえって手づくりのある暮らしのよさが見えてきます。料理は毎日つくるものであるだけに、そういう温かみのあるライフスタイルの、主要な部分になると思います。

考えてみると、自炊をする僕のまわりにはいつも料理の達人たちがいました。プロの調理師からふつうのひとり暮らしの人まで、いろいろな人たちが料理の醍醐味や、共に食卓を囲む楽しさを教えてくれたおかげで、今のような食生活を築くことができたのです。僕にとって、友人たちとの交わりの輪に暖かい手づくり料理は欠かせない要素になっています。

●料理をワンランクアップさせる調味料

●しょうが
見落としがちだが一番役立つもの。主に肉や魚料理のにおい消しに使うが、漬けものやスープなど幅広く利用できる。とくに夏は食欲増進の効果あり。常備用にはチューブ入りを。

●五香粉（ウーシャンフェン）
中華の肉料理に使うと、本格的な味と香りになる。名前もあまり知られていないが、最近はどこでも手に入る。値段は300円ほど。主要な成分の八角（はっかく）でも代用可。

●オリーブオイル、バジル
魚料理、肉料理、サラダやスープ、また刺身にも合う。これらといっしょに使われるのはトマト、にんにく、レモン汁、バルサミコ酢など。バジルは生よりドライタイプが便利。

●トムヤムペースト
タイ料理のトムヤム・スープに使うが、エスニックな風味が好きな人におすすめ。ビン入りのものが500円ほどで手に入る。ほかにパッタイペーストという調味料もエキゾチックな雰囲気に。

●高級しょうゆ
しょうゆは調味料の中でも一番風味が前面に出る。素材にお金をかけない分、ワンランク上を使うといい。「高級」でも月100円程度の差。

●シナモン
甘いものに便利なスパイス。とくにりんごとの相性がよい。砂糖とバターといっしょにパンにぬってトーストするとシナモントーストになる。

●ベーコン
調味料ではないが、油でかるく炒めて香りを出してから使うと便利。卵焼き、スープ類、パスタ料理などがおいしくなる。

●イサク・アライ“オリジナル料理”

豚の角煮

つくり方

豚のバラ肉（三枚肉）を2㎝ほどの厚さに切り、しょうゆ、みりん、しょうが（チューブ入りも便利）、酒（紹興酒や泡盛もよい）、くさみを消すねぎなどにかぶるくらいの水を加えて30分煮こみます。五香粉を加えれば中華風に。圧力鍋なら20分でとろけるようなやわらかさに。

蓄積カレー

つくり方

圧力鍋を使うので、保存がきくうえ、数日に渡って次々と別の素材と調味料を加えて味を重ねていくことが可能です。ただし一度こがすとその後もこげやすくなるので火加減、水加減に注意します。

肉、野菜なら何でも具になります。具にかぶるくらい水を加えて圧力鍋で20〜30分ほど煮こむと素材が溶けます。そのあとに形を残したい具を加えるのもいいでしょう。野菜なら基本的な玉ねぎ、人参、じゃが芋のほかに、トマト、かぼちゃ、なす、ブロッコリー、りんご、アスパラガス、豆類などがおいしくなります。乳製品（ヨーグルト、チーズ、バター）も加えるとこくが出ます。

調味料に使うのはガラムマサラ、ターメリック、とうがらし、しょうが、ブイヨン、ほかにもカレーに合いそうなスパイスを試してみてください。自信がない場合は既製品のルウを混ぜてもよいでしょう。

自家製ギョーザ

ひとりでも大勢でも、本格的な自己流（？）の中華料理が楽しめます。とくに皮は小麦粉（強力・薄力を半々）と少量の塩に、耳たぶより少しかためになるように水を加え、こねてのばすだけでかんたんにつくれます。厚めにするとおいしいです。

●北京ダック風ギョーザ

とり皮をパリパリになるまでトーストして細く切り、きざみねぎといっしょに皮で包み、焼きます。味噌（できればテンメンジャン）をベースにオイスターソース、酒などを加えたたれで食べると本格的な味になります。

●プリうまギョーザ

豚のひき肉にえびとしいたけのみじん切りを混ぜ、塩、こしょうで味を整えた具を包み、焼きます。好みで五香粉も入れます。具のうまみとプリプリした歯ざわりが特徴です。ふつうのたれのほかに、トムヤムペーストにナンプラー（タイの魚じょうゆ）やレモン汁、ココナッツを混ぜたたれも友人たちには人気があります。

料理もひとつのストレス発散法

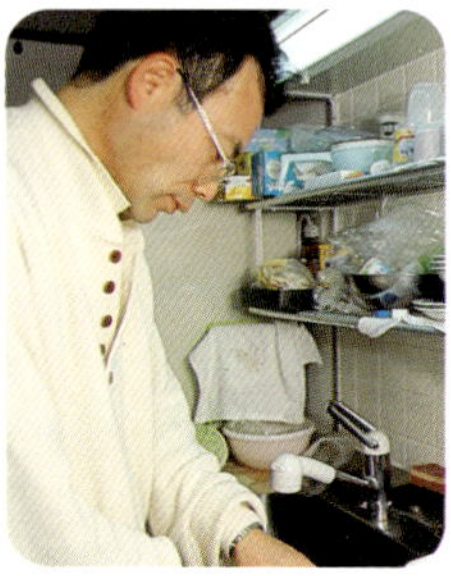

内田　潔

45歳・会社員・ひとり暮らし歴2年

単身赴任2年目。住んでいる場所が外食には不向き、かといって3食会社の食堂では会社生活からの解放ができない、だから〝自炊〟です。つくって楽しみ、食べて自己満足し、考えながらつくりながらリフレッシュしています。

自炊は大いなる気分転換

私は基本が食いしん坊なので、料理を考える、つくるという過程で大いに気分転換をするようにし、重荷と考えないようにしています。

男ひとりの衣食住では、〝洗濯しないと大変なことになる衣〟よりも、布団は敷きっぱなし、掃除はたまでも〝気にしなければOKの住〟の方が、実際にはたいへんな状況に見えます。

ただし、かたちには見えないけれど、〝食べなければ生きていけない食〟（少し大げさ?）は、まわりからは何とかこなしているように見えても、その実、最重要課題なんだろうなと思います。

何といっても、とにかく早くできることが重要です。自分としては30分以内を目標としています。一番時間がかかるのはご飯を炊くことで、毎回炊くのもめんどうなので、3日分、3合くらいをまとめて炊き、保温と冷凍をして食べます。料理をまとめてつくって、1食ずつ冷凍という人もいますが、煮ものなどはともかく、基本的に大量にはつくらないようにして、目先の変化を楽しんでいます。

「つくる」という行為は、メニューを考えるのと同じで楽しいのですが、メニューが決まった瞬間からあとは〝作業の手際〟だと思います。何から準備し、どういう順番でつくるかは、「調理時間を短く」という目的において自動的に決まるので、考える必要をあまり感じません。

ガスレンジは通常の2口と魚焼きのついたものですから、味噌汁をつくると、できるのはあと一品です。これでできるものが基準になります。でも一汁一菜では食事の楽しみが少ないので、必ず副菜を用意しま

●私の料理の幅を広げる調味料

中華でいえば、ごま油、トウバンジャン、オイスターソース、イタリアンだとオリーブオイル、和食はポン酢など、ほかに乾燥にんにくのスライス、レモン汁、缶詰のホールトマト、カレー粉、バター、ブイヨン、粉末だしなどでしょうか。使うのはごく常識的に、それぞれをちょっと仕上げの段階で使うと本物っぽくなります。

す。その方が栄養のバランスもよく、箸休めになるし、食卓がちょっとは華やぎます。つくるのは、おひたし、酢のもの、サラダなどです。

味つけは、どこかで食べた味を思い出すというか、かすかな記憶をたよりに、「たぶんこれだった」と、そんな適当さです。味見もそれこそ最後に少しだけで、「さしすせそ」なんてほとんどありません。けれども薄味を前提に、あまり塩味をきかさないようにしています。そうでないと、つい献立全体が濃い味になってしまいます。

便利な食材 買わない食材

メニューを考えて、全ての材料を買い求めると、かならず残りが出ます。よって、その材料をどうするかも考えながら買います。とくに夏場は腐敗との競争で、冷蔵庫はまったく万能ではありません。豆腐1丁がいかに多いかを思い知らされます。

油を使うと後かたづけがとてもめんどうなので、できるだけ自分では揚げもの(てんぷら・フライ)はしません。また、揚げるだけの半調理の冷凍品も買いません。

冷凍食品は、野菜の類の半調理品を買います。「ちょっと何か」つくるには便利です(かぼちゃ、きんぴら用の野菜、緑の野

●料理決定から調理の手順を効率よく

「料理を決める＝材料は何があるか」➔「メニューが決まる＝材料が決まる」そして材料準備の順番が決まります。

まず味噌汁の湯を沸かします。メインの肉や魚を最初に決め、次は野菜です。野菜に原則はなく、あるものを幅広く、かつ古いものは優先的に使う。だからつくりすぎたりします。あとは火を通す順番で材料を準備します。メニューが、魚の野菜あんかけ、おひたし、豆腐とわかめの味噌汁だと右のように進めます。

約30分以内を目安に、いかに温かいうちに完了するかです。味噌汁はほかのでき具合を見て、味噌を半分入れた半完成状態で止め、最後に再度火を通して味噌を入れて完成させたりもします。

主菜は時間がかかる場合が多いので、味噌汁や副菜で時間調整するのです。

火口1 味噌汁	火口2 魚のあんかけ	ほうれん草のおひたし
1 湯を沸かす	1 魚にかるく粉をふる 2 フライパンで魚をかるく焼き、皿へ(焼くと揚げるの中間)	
2 豆腐を切る 3 わかめをもどす 4 準備OK 	3 野菜を細切りにし、魚のあとでかるく炒め塩、こしょうなどする 4 水溶き片栗粉を加え魚にかけて完了	
5 温め直しだし味噌を入れ完了		1 魚が終わったら鍋に湯を沸かし、ほうれん草を一瞬ゆがく 2 適当に切っておかかをかける

Finish

菜、ねぎなどを冷凍庫に入れています）。

ひとりで買える材料には限りがありますから、一応の調味料（あたりまえと思うもの＋α）は用意してあり、少しずつ変化させるというか、味に広がりをつけています。

後かたづけは食後すぐに行い、ためないようにしています。これは単に「ためるとたいへんだ」という思いと、料理のにおいがとれないことにあります。「めんどうだな」と感じたら最後ですから、習慣にしてしまえばいいのです。

でもつくるのもめんどうなときがあります。そのため非常食の準備は大切で、冷凍のチャーハン、お餅、ラーメン、乾麺等はかならずあります。ないと生きていけないかもしれませんね。でも出番は意外に少ないと思います。このときもあり合わせの野菜、肉などを入れ、料理らしくします。

"食べたいもの"を買いたいけれど

買いものの際、魚でも野菜でも食べたくなったものを買うというのが原則ですが、問題はひとり暮らしということです。食品売場で見かけて食欲をそそられて、はたと悩むのが量です。季節のくだもの、魚、野菜など、1食もしくは2食分ならいいのですが、量が多いもので、先の夕飯のスケジュールもままならないときは、買うのをあきらめる以外ありません。

また、買ってしまってから料理のメニューやつくり方が思いつかないときは、悩みます。電話でかみさんに聞くこともあり、イメージはあるので、それで何とかわかります。里芋の煮ころがしは、何かふだんしないことをやるんだな、というのはわかっていても思い出せず、聞くとわが家では一度茹でこぼしていると教えられるのでした。

〝季節感がない〟といえばないのが昨今のスーパーの現状でしょうが、旬の食材を見つけるのもささやかな楽しみです。出始めは気づかなくても、いわゆる旬のときは、量がまとまってあります。これがきっと旬だと思って、買います。季節感を感じるものは、菜の花・そらまめ・大根などの間引き菜、小さなじゃが芋、里芋、太いねぎ（いわゆる曲がりねぎ）などの野菜、脂ののったいわし、もどりがつお、さんま、ぷりぷりのたらなどの魚です。

それとどうしても欲しくなるのが〝魚のあら〟です。だしをとってもいいし、煮ものにしてもいいし、鍋にしてもいい。量が多いのが玉にきずですが、ちょっと時間をかけられそうなときは、安くておいしいおかずになります。これを買うときは冷蔵庫の中身を思い浮かべ、ねぎやしょうがを準備します。しかしながら、出刃包丁を持っていないので、手におえそうなものをえらんでいます。

料理は便利な共通言語

自炊をするようになり、料理とは、いろいろな人と話すための、共通の〝コミュニケーションツール〟だと考えるようになりました。とくに、女性と話すときの一番の話題ではないでしょうか。私の職場にはとくに〝おかあさん〟が多いので、「今日は何をつくるんですか？」というような話には、みなさん気さくに返事をしてくれます。レシピを聞くほどではなく、「うん、そうですか」という感じです。それにときどき、いろいろな食材のおすそ分けにもあずかって、「ありがとう」ということもあります。（「昨日は何でしたか」と逆襲されないようにしないと、評判を落とす可能性があるので、要注意です）

実は私、料理を結構まじめにつくるものですから、男性陣との話題の一つにもなっており、みなさんにつくって振舞うことはありませんが、旬の食材や料理の話を、仕事やゴルフの話題に混ぜて楽しんでいます。

つくって楽しみ、食べて自己満足し、考えながらつくりながらリフレッシュして、ついでにコミュニケーションする、とても気楽にやっています。

●私の"結構まじめ料理"

炊きこみご飯

かんたんですが、入れるものによって準備がたいへんな場合もあります。

つくり方

1 米をとぎ、そこに具を入れ、味は適当に酒やしょうゆなどでつける。

2 あとは炊くだけ。

材料

塩鮭やグリンピース、ぎんなん、きのこなど、たいていのものはOK。

酢のもの

一番かんたん、きっと体にもいいでしょう。

つくり方

・冷蔵庫を見渡し、何でつくるかを決め（わかめやきゅうり、山芋、冷凍のたこやいかなど）、材料を食べやすい大きさに切り、酢1に1/3の砂糖（みりん）と塩少々で味つけ。

親子丼

かんたん料理の極めつけです。

つくり方

1 鍋につゆの素を入れ、適当な濃さに水を加え温める。

2 適当に切った玉ねぎ、とり肉を入れて煮、最後に溶き卵をまわしかけ、固まりきらないうちに火からはずし、丼のご飯にのせて完成。

材料

とりもも肉…80〜100g　卵…1〜2個
玉ねぎ…1/6〜1/4個　つゆの素

きんぴらごぼう

つくり方

・冷凍のきんぴら用野菜を凍ったままごま油で炒め、みりんとしょうゆと酒を好みで加え、汁けがなくなるまで弱火で煮詰める（かき混ぜないと、こげてしまう）。七味をかけて終了。

ミネストローネ

野菜（とくに根菜類）を食べなくてはというときにつくります。冷蔵庫の掃除に向いています。

つくり方

1 材料をひと口大に切る。

2 圧力鍋に油を入れ、材料を手早く炒めて、あとは湯もしくは水を加えて煮る（蓋をして圧力をかけると早い）。

3 煮えたら缶詰のホールトマトを入れ、塩、こしょうで味つけ。ちょっと煮て、完成。

材料

野菜（じゃが芋、人参、セロリ、大根、玉ねぎ、ねぎ、そのほか煮てよさそうなもの）
肉類（ベーコンや魚なども）

親子丼　あったかご飯にふんわり卵

●つくり方　小さめの鍋(直径約15cm)に煮汁を煮立たせ、とり肉、玉ねぎ、えのきだけを入れて煮る。火が通ったら、ほぐした卵をまわし入れる。三つ葉を散らして弱火に落とし、ふたをして蒸らす。温かいご飯にのせる。

1

●材料		●下準備
とりもも肉	100g	細かく切る
卵	1個	溶いておく
玉ねぎ	1/4個	薄切り
えのきだけ(しめじ・しいたけでも)	1/2袋	根元を切って半分に
三つ葉(茹でた青菜でも)	2本	2〜3cmに切る
煮汁		
水(和風だしを加えて)	大さじ5	
しょうゆ	大さじ2	
酒	大さじ1	
砂糖	小さじ2	
ご飯	約200g	

●ポイント

[煮る]

具は鍋に平均に広げて入れる。卵は鍋の中心から外側に円を描くように、まわし入れる(写真**1**)。卵は火を通しすぎないこと。ふたをし、10秒ほど弱火で煮、卵が半熟になったら火を止め、1分くらい蒸らす。

[盛りつけ]

ご飯は丼に平らに盛りつけ、具をすべらせるようにしてのせる。

◯とり肉の代わりに、鮭、いわしの缶詰などを使っても。とんかつならカツ丼に。

◯好みで紅しょうがなどを添えて。

つくってみたい定番料理

肉じゃが　いつ食べてもナットク、おふくろの味

●つくり方　鍋にサラダ油を温めて肉を炒め、肉の色が変わったらとり出す。じゃが芋、玉ねぎ、人参、しらたきを入れ、ひたひたの水（写真**1**）、酒を加え、はじめ強火、煮立ったらあくをとり、火を弱めて10分ほど煮る。調味料を入れ、牛肉をもどしてさらに10分ほど煮、じゃが芋がやわらかくなったら、茹でたいんげんを加える。

1

●材料		●下準備
牛肉薄切り（豚肉でも）	100g	食べよい大きさに切る
じゃが芋	1個	皮をむいてひと口大に切り、水にさらす
玉ねぎ	1/2個	半分を4個のくし形に切る
人参	1/3本	1cm厚さのいちょう切り
しらたき	1/2個	さっと茹でて食べよい長さに切る
いんげん（冷凍でも）	30g	茹でて切っておく
サラダ油	大さじ1	
酒	大さじ1	
砂糖	大さじ2	
しょうゆ	大さじ3	
塩	小さじ1/4	
水（材料にひたひた）	1½カップ	

●ポイント

［下準備］

じゃが芋は10分ほど水にさらすと、煮くずれしにくい。

［煮る］

調味料を入れる前に、あくはていねいにとる。

○しらたきは1個を茹でて、残りは水をはって冷蔵庫で保存。

父に学んだ"男も料理"

関 晨一

51歳・会社員・ひとり暮らし歴８年

**慣れないひとりの生活や
ハードな仕事に追われる日々…。
「料理などできない」と、あきらめていた自分を
変えたのは、母の介護をする父が、
ある日食べさせてくれた手料理だった。**

"真剣な父の手料理"にめざめる

　小生は現在、仕事の都合で単身生活を余儀なくされている。それもスタートが８年前の44歳のときで、最初の４年間は自宅（厚木市）から約３時間の距離にある我孫子市の単身寮に。その後、さらに東北の緑豊かな一関市に出向になり、現在に至っている。ひとり生活には慣れたものの、やはり一番の心配の種は食事である。

　大げさにいうと、生きるためには食さなければならない。それもハードな仕事をこなしながら、また、今まで知識すらなかった栄養や家計のことを少しは考えながら……。そうなると、外食ばかりでその双方を満たすことはできるはずもない。

　今考えてみると、頭の方はしぜんに「自炊をしろ、自炊をしろ」と迫ってくるものの、手足の方はそれに逆らうように「そんなことはできないよ」とあきらめていたようである。

　そんなときに私の考え方を変えてくれたのは、両親の姿だ。数年前から父が母の看病をしなければならなくなり、料理もしているのだ。父のつくってくれた朝食を二人で食べたことがあるが、朝早くからご飯を炊き、味噌汁をつくり、そんなにおいしいものではないけれども２～３品のおかずが用意され、暖かいものであった。

　前々から感じてはいたのだが、そのときあらためて「男でも食事に関する最低のことは知っておくべきであり、また、できる範囲でもやるべきではないか」と思うようになったのである。

「手ぬきも楽しむ」が長つづきの極意

　単身生活をしていると、たまにテレビなどの料理番組が目にとびこんでくる。冷蔵庫の残りものを、ちょっとした工夫でおいしくつくり上げる番組もあるにはあるが、総じて、私にとってはたいへん手間のかかるメニューだと感じられる。

　男のひとり暮らしでは、調味料や素材が数多く用意できることは、それほどないと思う。ましてや、料理にかけられる時間もあまりないので、しぜんに「手ぬき、手ぬき」となってしまう。逆に、どうやって手ぬきをしようかと考えることも、結構楽しいということに気づき、このあたりが週末中心の料理であっても、自炊をする生活を長つづきさせている極意ではないかと思っている。

　手ぬきというと、カレーを代表選手にするレトルト食品選手団、ラーメンを代表とするカップ麺選手団や最近ではでき合いの惣菜軍団も登場と相成る。しかし、これだけでは栄養のバランスはよくない。もちろん野菜がたりないのである。すると、やはり手ぬきしながらも、自炊をすることになってしまう。その方法は、世の奥さまがよく知っておられる（こういうとお叱りを受けそうだが）と思うが、単身赴任者なりに書いてみたいと思う。

　一番の手ぬきは電子レンジの利用で、たいへん重宝している。フライパンを空炊きし「ヒヤリ」としたことのある身としては、火を気にしないでよい電子レンジは、安心して利用できる道具だ。これでかれいの煮つけから、炊飯も行ってしまう。炊飯には3合から4合くらいを炊ける電子レンジ専用の容器があり（出向の際にワイフの友人にいただいたもの）、それを利用しているのだ。炊き時間は炊飯器と変わらないが、お釜にこびりついたりしないので、かたづけはらくである。

　でき上がったらラップで1食分ずつに分け、冷蔵室や冷凍室に放りこむだけ。分け方は凍りやすく解凍しやすいように、平らにして包む。おにぎり状だと均一に熱がまわらないことがある。

●味噌汁の味加減と量の目安は

　味加減は、最初のうちは料理の手引き書に載っている量でやるが、やっているうちにだんだん目分量でできるようになる。

　味噌汁は2人分くらいつくるが、何度かつくるうちに、鍋の底から水をどのぐらいまで入れれば2人分くらいかという目安ができる。その水の量にしたがって、野菜の入れる量もだいたい決まる。

　野菜の量なども、たとえばじゃが芋の量でも、1人分ならば小さめのもの1個で大丈夫だろうということになる。そういう意味ではひとり分の量はひとり暮らしをしないとわからないかもしれない。小生の場合は、塩分はかなりひかえめにしている。かなり薄味が好み。

たとえば1人分の味噌汁の目安ならば…
水
200
100
200cc（1カップ）
≒
縦長のコップ（直径5〜6cm）の8〜9分目
≒
小鍋（直径約15cm）の深さ3cmくらい
具
約100g
≒
卵2個分の大きさ
≒
きざんだ野菜が片手にのる量
味噌
大さじ（計量スプーン）すりきり1杯
≒
スプーン大小盛り1杯

おひたしなどもかんたんにできるが、味はイマイチで、おいしく食べるなら茹でる方がよい。肉じゃがもつくってみたところ、電子レンジで手軽にできた。

社食、外食でも野菜をとる意識を

小生が勤務する会社の社員食堂は、さいわいに朝、昼、晩の3食の利用が可能で、栄養士さんがつくった献立になっており、カロリー表がついているのもありがたい。メニューをえらぶ場合は、魚料理、野菜料理を基本にしている。

平日の朝はパンと牛乳程度なので、昼と晩が食事のメインとなる。晩も社食を利用する機会が多くなっているが、1種類+麺類程度しかなく、それも揚げものが多いので、これを補おうと思うと、週末はどうしても「野菜デー」と考えたくなる。おすもうさんがチャンコ鍋を毎日（最近ではそうでないらしいが）食べるように、小生は毎週鍋でもあきない。したがって冬はうれしい。冷蔵庫の在庫削減をふくめて、いろいろなものを放りこんでは味を確かめている。しかし中には、入れると味がわるくなるものもあるから気をつけなければならない。とくにピーマンなどは鍋の味には合わないようだ。

岩手県は海の幸、山の幸に囲まれており、よい食材に恵まれた土地柄である。よって仕事の息ぬきや、親睦、ひいては地域貢献(?)を兼ねて外食をする機会も多くなる。その場合でも肉じゃがや野菜サラダなどの「野菜中心メニュー」の注文は欠かせない。土曜出勤の日なども、朝9時から始まる「ほか弁屋さん」の時間に合わせて出るなど、工夫といえないような工夫もしている。この場合のメニューもやはり菜食中心にしている。

外食といえば、もちろんつき合いでお酒が入ることもある。この地方はよいお米、よい水に恵まれ、たいへんおいしい銘柄も多く、お酒の好きな人、飲める場所も多い。そうした意味では充分に気を引きしめないといけないが、かくいう私にも、飲みすぎない秘訣があるわけでなく、要は自分につよくなれるかどうかなのである。単身赴任者の場合はここが肝心。量や回数をコントロールして飲みながら、おいしく「食べる」ことがたいせつではないだろうか。

ちかごろ自炊に思うこと

「料理なんて主婦の仕事だ」と思いながら、出されたものを食べるだけでは気づかなかった「料理することのたいへんさ、たいせつさ」を、自炊して初めて感じる。

つくるということには、食べてくれる相手があって、その人が食べたいものを、食べるときに合わせて用意することの楽しさがあるように思う。つくっても少ししか食べてくれないとか、帰りが不規則だからつくらない、そんなことではない気がする。

また食べる側にまわったときは、つくることが単にものを切るところから始まるのではなく、「どんな料理にしよう？新鮮で安いものはどこで手に入るか」などと考え、重い買いものをしてくるのだなと、料理以前の心のうちを知るべきだと思う。

つくる側とつくられる側のコミュニケーション、それが家庭料理だと思うようになった。自炊の経験は、そんなことを考えさせてくれるたいせつな機会でもある。

小生の父親は80歳になる。若いころに肺結核を患い、戦後の物のないときも我々子どもたちを食わせてくれた。今でも感謝せずにはいられない。その日を生きることに必死な時代を過ごした父が、母が療養する前から、先々のことを考えて料理を始めたのはすごいことだと思う。

すでに高齢化時代が始まっている。たかが自炊もどきの経験があるからといって、これから先の状況に対応していけるかどうかは、はなはだ心もとないが、先々には「ひとりだけの生活があるかも」と、気持ちの隅においておきたいと思っている。

●私の味方は“電子レンジ”

かんたん雑炊（朝でも、夜食でも）

休日の朝や、夜食などに手軽にできる
（手ぬき）料理。

つくり方

1 鍋に水と削り節またはしらす干し（両方でも）、切ったしいたけを入れ、沸とうさせる。

2 残りご飯をおにぎり1個分くらい（ラップにくるみ冷蔵庫に入れている）と乾燥わかめを入れ、かき混ぜる。

3 音を立てて煮立ち始めたら、塩・しょうゆを適量入れ、卵を流し入れかるく混ぜる。

4 最後にきざんだ長ねぎを加えてでき上がり。

材料

冷やご飯／削り節（またはしらす干し）
カットわかめ（お茶の缶に入れておくと便利）
卵（溶き卵にする）／長ねぎ／しいたけ
しょうゆ、塩（しらす干しを入れたら、塩はいらない）

かれいの煮つけ

電子レンジでできるかんたんな煮つけ。

つくり方

1 かれいを水洗いする

2 味がしみるよう表面に切りこみを入れる。

3 耐熱容器に薄切りにしたしょうが、だし汁、砂糖、しょうゆ、酒を入れる。

4 クッキングペーパーやラップで落としぶたをし、さらにラップをかける。
電子レンジで加熱（約10分弱かける。ようすをみながら）

5 ねぎを入れるなら、残り3分のときに。

材料

かれい（切り身が手ごろ）…1切れ
ねぎ（つけ合わせに）／しょうが（1片）
だし汁（めんつゆの素を希釈。かれいが浸る程度に）
砂糖…約大さじ1
しょうゆ…約大さじ1
酒…少々

電子レンジで肉じゃが

電子レンジでできる1人分の肉じゃが。量が多いときは時間がかかるので、鍋でつくる方がいい。

つくり方

1 耐熱容器に、やや小さめに切った肉とじゃが芋、玉ねぎ、人参を入れる。

2 全体が浸る程度（肉は表面に出ないよう）に調味料と水を入れ、クッキングペーパーやラップで落としぶたをし、さらにふたをする。

3 約10分加熱して確認。足りなければ再加熱してでき上がり。

材料

薄切り肉（牛か豚肉を約50g）
じゃが芋…1個
玉ねぎ…1/4個くらい
人参…1/4本くらい
調味料（しょうゆ、砂糖、酒、みりんを、2:1:1:1くらい）
水（材料が浸るくらい）

栄養宅急便に助けられて

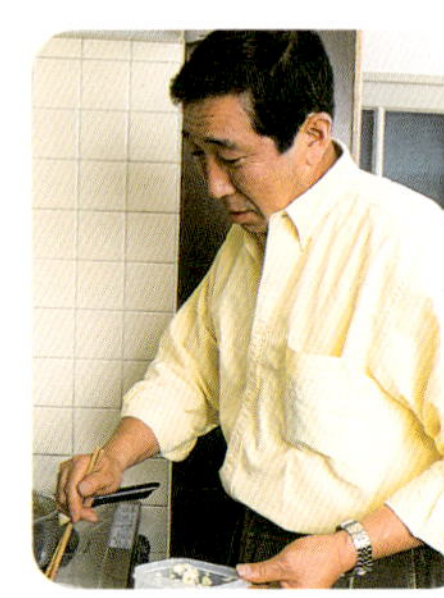

幼方誠太郎

48歳・会社員・ひとり暮らし歴3年

やる気いっぱいで始めた単身生活も、新しい仕事に環境の変化が重なり、余裕のなくなるときもありました。そんなときに私をサポートしてくれたのが、家から届く妻の手料理でした。2週間に1回のクール便で、ひとり暮らしの食生活にもリズムがつきました。

やっぱり大変？ひとりの食生活

掃除、洗濯、整理整頓の類は苦にならず、家族全体の家計の把握も私の役目です。しかし、そんな私にとって何より負担でめんどうなのが、食生活なのです。

家族がいっしょに暮らしていたころは、休日になると、コロッケ、シチュー、ヤキトリなどを披露し、子どもから「お父さん料理シリーズ」と命名されたほどでした。ところが、いざひとりになり自分のために料理をするとなると、家族の喜ぶ顔を見ながらするようには熱意がもてないものだと、身にしみて感じました。

それでも、新しい仕事や生活環境は自分にやる気を与え、充実した毎日を送っていました。はじめは食事も自分でつくっていたものの、次第に仕事に追われる生活になり、気持ちにも余裕がなくなってきました。

外食や市販の惣菜の利用は味覚的に好きではなく、経済的にもったいない気がしてなりません。つき合いで外食が増えると、やはり野菜不足が気になってきました。

届く料理で1週間は安心

そんなとき、私の状況を察して妻から応援の手が差しのべられました。発泡スチロールの箱で、密閉容器に詰められたさまざまな料理が届く、名づけて「栄養宅急便」とでもいいましょうか。以来、月に2回のこの便によって、私の食生活は大幅に改善されることになったのです。

食品などの荷物を5℃くらいの冷蔵状態で配達するサービス（マイナス18℃の冷凍状態で配送できるものもある）を使うのですが、職場には大きな冷蔵庫があったため、周囲の理解を得て、会社宛に送ってもらうことができました。

届く料理は冷凍したものや冷蔵のものがあるので、およそ1週間で食べきるようにし、主菜、副菜、半調理品など、組み合わせたり、主菜だけは自分で干ものを焼くなどして、食事を整えます。

ひと工夫で変化をつけて

温めるだけで食べられるおかずは早く食

事ができて便利ですが、2〜3日食べるとあきてきます。意外に重宝するのが、「玉ねぎとひき肉炒め」など半調理したものです。1食分ずつにラップに包んで冷凍されており、使い方はオムレツや野菜炒め、卵焼き、ご飯にかけるなどで、よく炒めた玉ねぎが料理にコクを出すので応用するにはもってこいです。

カレーなども、あきてきたら水でのばし、「めんつゆの素」を加えて「カレーうどん」にします。ねぎを切って加えるだけで結構さまになり、早くできるので休日のお昼などには最適です。ほうれん草や小松菜などの青菜も茹でて冷凍してくれますが、それだけではあまりおいしくないので、単品で食べるのでなく、野菜炒めやオムレツに加えるなどして使います。

自炊も組み合わせて乗りきる

次の便が届くまでの1週間は、やはり自分で何とかしなければなりません。そのために常備しているのは、だいたい次の通りです。

冷蔵室　人参、卵、チーズ、牛乳、ヨーグルト

冷凍室　干もの、ひき肉を始めとした肉類、市販の冷凍食品も利用する。(便利なのは焼きおにぎり)

室温で　米、じゃが芋、玉ねぎ

基本にこれらの食材があれば、妻が送ってくれる冷凍品を組み合わせたり、これらだけでも何とか食事をすることができます。自分でよくつくるのは、豚汁、野菜炒め、カレー、鍋もの（野菜が多くとれるので、冬場はよくします）などです。

当初、自力のみでやっていたときは野菜不足に悩んだので、やはり煮ものなどの野菜料理が一番ありがたく、肉じゃが、筑前煮などをよくリクエストします。送ってくれたものの、あまりおいしく食べられなかったのが、冷凍したひじきの煮ものでした。電子レンジで解凍したら、汁けが出すぎてしまったのです（常温で解凍すればよかったのかもしれない）。

毎月2回も送ってもらいながら、妻には「俺はひとりで苦労してるんだから当然だよ」なんて顔をしてしまいますが、実のところ、単身赴任でこれほどありがたいことはないのでは？　と思い感謝しています。

ひき肉と玉ねぎ炒めを使って、ご飯にかけたり、オムレツにする。

冷凍で届いた青菜は、解凍したまま食べるより、もやしや豚肉などと炒めると、おいしく食べられる。

カレーライスが続いたら、休日の昼食などはカレーうどんにする。

夫の食生活を家族でバックアップ

幼方掬子

夫のもともと几帳面な性格と学生時代の寮生活経験のおかげで、掃除洗濯など身のまわりの管理は心配いらなかったのですが、疲れて帰宅してからの食事用意は、大きな負担になるのではないかと、少々心配していました。

新しい生活も2カ月ほどたつと、新しい職場、仕事内容、そしてひとりの生活にやはり疲れが見え始めました。そこで、せめて夕食に私のつくったものを食べて元気を出してもらおうと、調理ずみや半調理した料理を、宅急便で送り始めたのです（ほかには何もできませんから）。

仕事がらつき合いも多いのですが、ひとりでも毎日晩酌をしているようなので、「お酒の飲みすぎには気をつけて」と、会うたびに口をすっぱくしていっています。

送るものの工夫

主菜にする魚などは、ただ焼いただけですと時間がたつにつれパサパサしておいしくなくなるので、煮からめた方が水分が保たれ、味がよいようです。肉類にも野菜を多く混ぜ入れて量を増やし、カロリーを抑えます。また、野菜は煮もの、汁もの、漬けものにしてたっぷりとれるようにします（箱のスペースに空きがあれば、キャベツ、きゅうりを切ったものを入れて、サラダで食べられるようにする）。

送るおかずに適さないと思うのは、揚げもの類です。カロリーが高い上、時間をおくとおいしくなくなります。しかし、とんかつなどは、玉ねぎを加えて卵でとじ、カツ丼用にして送ります。

”手間の貯金“で長つづき

でき上がった料理は、完全に冷ましてから密閉容器に入れます。

分量は多すぎると飽きてしまうので、2〜3回で食べきれるくらいにします。その際に、私と子どもの分もつくるようにし、1週間の常備菜などの準備も完了させてしまいます。この手間の貯金ができるので、長くつづいているのかもしれません。

平日は仕事をもっているので、とりかかるのは日曜日です。冷凍するものや煮豆など、時間のかかるものは前日までに用意しますが、ほとんどは午前中の3時間前後でつくり、冷まして冷蔵し、近所の宅配便の最終集荷時間の4時に間に合うように出しにいきます。

最初のうちは、1週間で食べ切る分量がつかめず、つくりすぎたり、9時ごろから始めて3時ごろまでかかることもありましたが、火口のくりまわしやコツをおさえ、時間内にできるようになりました（かんたんにできるものから始め、火を長く使う肉じゃがなどは最後にします）。時間を決めずにダラダラやっていると、逆にいやになってしまいます。夏場は少しでも短時間で着くようにと、夜7時までやっている集荷本部に持っていきます。

箱は魚屋さんなどにある発泡スチロールの箱が保冷性がよく、もらっておいて使うようにしています。ちょうどよいサイズのものは、夫が車で帰ってくるときに持ち帰ってもらい、何度も使います。

●送るおかず

できあがった料理は鍋ごと冷やし、次々と容器に移し替えます。汁もの用には円筒形の容器(こぼれにくい)を使います。

主菜になるもの(○印は冷凍できるもの)

○魚の鍋照り焼き(粉をまぶしたブリやイワシをフライパンで焼き、しょうゆ、砂糖などで味をつける)

○ギョーザ(ひだを立てず、平らに包んで焼く方がひだの皮が固くならない。甘辛く焼いたり、トマトジュースで煮こんでイタリア風?に。娘もときどき手伝って)

○のしどり

○信田巻き

○シューマイ

○茹で大豆入りハンバーグ(ケチャップとソースで煮こむ)

・ 農夫の朝飯(じゃが芋や玉ねぎ、ベーコンを炒めて卵でとじる)

・擬製豆腐

・シチュー

・卵焼き

副菜

・豚汁

・のっぺい汁(具だくさんの汁)

・キャベツとベーコンのスープ煮

・筑前煮

・なすとピーマンの味噌煮

・里芋の煮もの

・かぼちゃの甘煮

・レバーのソース焼き

・野菜の甘酢漬け

・きゅうりとかぶ、人参の漬けもの

・ ポテトサラダ(料理が趣味の父が、夫のために腕をふるってくれる)

・煮豆

半調理のもの

○玉ねぎとひき肉炒め

○茹でた青菜(ほうれん草、小松菜)

・わかめをもどして切ったもの

・生野菜をきざんだもの

送るものは、発泡スチロールの箱に3段に詰めます。2段目の中央が冷凍のもの、そのまわりに冷蔵のもの、冷凍のものから一番離れたところに生野菜のきざんだものを詰めます。

つくってみたい定番料理

●つくり方　フライパンにサラダ油を熱し、調味料につけたぶりを、こんがりと両面焼く。
弱火にしてふたをし、1〜2分火を通す。
ふたをとり、残ったつけ汁を加え、からめながら火を通して照りをだす。
ピーマンを同時に脇で炒め、塩、こしょうし、つけ合わせに。

●材料

●下準備

ぶりの切り身 ……………………………1切れ……つけ汁に10〜15分つけ、途中で裏返す
つけ汁（しょうゆ・みりん各大さじ1）
ピーマン…………………………………1個……半分にして、斜めに2〜3つに切る
サラダ油……………………………大さじ1/2

●ポイント

［焼く］
こげすぎないように注意。つけ汁は魚を片側によせ、フライパンを傾けてからめる（写真**1**）。
◯魚はさわら、さばなどもおいしくできる。
◯大根おろしを添えるとさらによい。

1

ぶりの鍋照り焼き

フライパンでできる照り焼き

豚汁　具だくさんの汁もので野菜不足解消

●つくり方　鍋に肉以外の材料と水を入れて火にかけ、煮立ったら肉を入れ、あくを玉杓子やあくとりなどですくい（写真**2**）、15分くらい煮て味噌を溶き入れる。

●材料（2食分）　●下準備

豚肉こま切れ……………………………80g
大根………………………（5cmくらい）100g……いちょう切り
人参……………………………………1/4本……いちょう切りに
ごぼう……………………………………30g……太めのささがきにして水に放す
こんにゃく………………………………1/3枚……食べやすく薄く切る
油揚げ……………………………………1/2枚……1cm幅に切る
長ねぎ……………………………………1/3本……1cmくらいに切る
水………………………………………約3カップ
味噌……………………………………大さじ2強

●ポイント
［切り方］
ごぼうは包丁の背で皮をこそげ、ささがきに（写真**1**）。
（冷凍の和風野菜ミックスを使ってもよい）
［味つけ］
味噌は途中で半量入れ、仕上げに残りを入れる。

1

2

自炊しないと人類は破滅する？

薄井武信

34歳・会社員・ひとり暮らし歴6年

「料理なんてめんどうでやりたくないけど、してくれるヨメさんがいないからやらざるを得ない」。私はそんな消極的理由で自炊生活をしている。果たして何が、このような「ものぐさ男」を自炊に奮い立たせるのか、そこに行きつくまでの心の変遷をたどってみると……。

何かおかしい？社会のしくみ

就職してひとり暮らしを始めた20代のころ、やっと自立した喜びで自炊をしたが、ものの1カ月でその生活はくずれてしまった。まず、時間がない。朝9時に仕事が始まり帰宅は深夜、当時週休2日制など大企業だけ。しかし仕事を好きでえらんだ以上、要領がわるくても夢中でやってしまう。すると自炊する時間どころか気力、体力すら残らず、外食やファーストフードに頼る毎日になっていた。また、それは、仕方のないことだと思っていた。

仕事内容に差こそあれ、ひとり暮らしのサラリーマンは、おおかたこのような「自炊とは無縁」の状況ではなかろうか。そんな生活をつづけていた20代の終わりごろ、親会社が不渡りを出したのをきっかけに退職、一時実家にもどった。ふり返ると、いろいろな意味でこれが私の転機となった。

実家には、当時90歳の祖父が同居しており、そのつき添いでよく昼食や散歩を共にした。すると祖父の視点から世の中を見ることが多くなり、街を歩いても日常の暮らしの中でも、それまで気づかなかったことが気になりだしたのだ。街づくり、物づくりはすべて健常者を基準にされ、老人や障害者のことなど二の次だ。しかも、いずれかならず自分自身がその立場になる日がくる。そう思うと何だかやりきれない思いがした。片や世の中全体を見渡しても、決して良い方向へ向かっているとは思えない。

「世のため、己のためと信じて懸命にやっていたことが、実は自分の墓穴を掘っているだけだったのではないか？　このままでは何かがたりない気がする、一体何が問題なのだろう？」そう考え始めたのだ。

人間は"土に根ざして"生きてきた

そのヒントになることが二つあった。一つは「ナージャの村」（本橋成一監督）という映画を観たことだ。チェルノブイリ原発事故で汚染された土地を舞台に、そこに暮らす人々の生活と自然の美しい営みを淡々と撮ったドキュメンタリーである。映画は、「本来人間はその土地に生まれ、その土地に食し、その土地に産み、その土地に還るものだった。人はその自然のサイクルのほんの一部にすぎない」と語りかけているように私には感じられた。

もう一つは鷲田清一氏（大阪大学教授）の講演にあった。「経済効率優先の消費社会ではカネになる賃労働が優先されるため、家事労働は軽視されてしまったが、家事労働こそ〝自分が生き物であること〟を認識する大切な行為であり、その最後の砦《とりで》が〝台所〟だ」というのだ。

自然界では、生きるためにはほかの生命を奪わねばならない。台所とはまさしく「殺生の場」であり、その行為が炊事なのである。しかし、それらすべてを外在化させ、消費一辺倒の生活をしていたら、生物として想像以上に危ういことが起こるのではないだろうか。その要ともいえる家事、特に炊事に対して、もっと信念をもって取り組んでよいのではないか？

こうして私が感じた社会問題の根源は、炊事にいきつくものが多いと思うようになった。炊事をすることで、人は自然との位置関係を正しく認識し、地球の一生物としての意識をもつのではないだろうか。

〝立派な料理〟じゃなくてもいい

食について考えを突き詰めていくならば、自分で畑を耕し、魚を捕ってくるところからやらなければならないのだが、それは理想であり、自分もふくめ、多くの人にとってそれを日常とするのは現実的ではない。それならば、まずはできる範囲でいいと思う。何も「立派な料理をつくらなければ」と構える必要もない。そうこう考えるうちに、2度目のひとり暮らしを始めることになった。

とにかく自分の身体が〝コンビニ弁当〟や〝カップラーメン〟で形成されるのはいやなので、「自炊する」ために近くに商店街のある場所を選んだ。そしておしゃれなワンルームマンションではなく、ガスコンロや広い台所のある、古いアパートを借りた。休日にはその商店街で3回分くらいの食材を買いこみ、一度につくって、翌日の朝や晩も食べたりする。一つの誤算は、小さい店ばかりなだけに、意外と閉店時間が早いことだ。

つくる料理はごくシンプルなもの。春から秋の魚のおいしい季節は、私は魚をおろせないので、干ものを買ってきて焼く。それに大根おろしと青ものの野菜（ほうれん草の炒めものなど）をつけて、あとはご飯を炊き味噌汁をつくれば充分。

冬場は身体も部屋も暖まる〝何でもスープ〟が多い。これが基本で、あとはその鍋に水を入れて、甘みが出るキャベツ、じゃが芋、青もの野菜、きのこ、そのほか何でも入れて煮てしまう。2～3食分はあるが、冬は寒いのであまりわるくならない。あとは直前に卵を入れたり、トマト缶をたして、ご飯と食べる。

つくりおきすることが多いので、調理器具はひとり暮らしでも一般家庭用の大きさがいい。それから、スープなどは何度も煮かえしていると、多少味もおちるので、こしょうは風味づけに必需品だ。粒こしょうから挽いている。

ほかには、単純に時間がないときや、自炊ベースに缶詰類やレトルト食品も常備している。時間がないとき用には、レトルトカレー、おかず1食分が缶になっているものなど。自炊時の素材の一部としては、鮭フレークや真いわし、コンビーフなど、魚・肉系のビンや缶詰。大豆、ミックスベジタブルなどの野菜系のものなど。いきなり「完全自炊」を目指すのはたいへんなので、まずは「外食しない」ことにこだわっている。

自炊は身体にも財布にもよかった！

こんな感じで、私は何かつくっても皿数は少なく「材料を食べられるようにしただけ」で、料理といえるシロモノではない。しかしこの程度でも、食生活が「商品を消費する」から「生きるために食べている」ことへの、意識の変化を実感できる。サバ

●私の“料理のような”料理

●味つけの基本は塩、こしょう。そのほかに

・しょうゆ＋みりん
・コンソメスープの素
・昆布＋味噌
・ベーコンや魚缶なども入れると味に幅が出る。

冬の何でもスープ&夏の何でも炒め

冷蔵庫に入っている野菜や食材を使って、スープをつくる。基本はあるが入れる具や味つけはお気に召すままの気楽なスープである。ふだんの野菜(根菜も)と青菜とたんぱく質(肉、魚、卵)を食べていればいいという感覚でやっている。

煮こんでいるあいだに洗濯したりしている。部屋も暖かくなって、暖房いらず。

夏はスープだと暑いので、玉ねぎ、ベーコンをベースに、季節の野菜を火の通りにくい順に炒めていく、それだけである。

●つくり方

1 鍋でみじん切りにしたにんにくをかるく炒め、食べやすい大きさにした玉ねぎ(1個)を炒める。

2 水を入れ、キャベツ1/4個、じゃが芋1個、きのこ類、青菜(ほうれん草や小松菜)、根菜(大根やごぼうなど)などを入れて煮る。

3 好みの味つけをしてできあがり(左図参照)。

イバルのようで、結構楽しい。体調がよかったり生活のリズムができたりするし、なぜかむやみにオヤツを買う気もしなくなる。財布にも身体にもよい。

どうせ自分だけのためにつくるのだから、行き当たりばったりの「料理のようなもの」しかしていない。あまり体裁や失敗を考えずに気軽にやっている。基本的な火の通りやすい順番、あくとりさえ覚えれば、とりあえず食材を食えるようにはできる。

私の料理のルーツは何かというと、家庭料理の記憶と、「旬のものを食べなさい」という母親のアドバイスである。子どものころには、ふだんから買いものに連れていかれ、食事用意を手伝わされ、家族で食事をした。そんな時代を過ごしていれば、記憶を頼りにどうにか料理をすることもできるし、いま問題の「キレる」こともなくなるのではと思う。

自炊をくじけずに続けるために(もちろんくじけることもある)、アルコール類は料理をしたときのご褒美と位置づけている。めんどうくさいのをがまんして自炊し、達成感と共に飲む夏のビール、冬の焼酎は格段にうまい。この独り密かな楽しみは、自分ではなかなか贅沢だと思っているのだが、やはり料理もしてくれるヨメさんが欲しいところだ。そのときまで何とか自炊を続けたい。社会や人類のために……。そう思いながら台所で格闘する毎日だ。

健康をささえる

かんたん野菜料理&朝の卵

野菜不足解消！
初心者でも今すぐ始められるやさしいレシピ。
最少の道具と調味料でスタート

料理・吉田秀子

道具・調味料

「自炊しよう」と思ったら、道具や調味料は最少限で始め、必要に応じて順次買いたすのがよい。切れ味のよい包丁、こげにくいフライパンなど、使い勝手のよさが〝料理〟を楽しく長続きさせるので、大きさや材質などを吟味したい。
●印は包丁、まな板など基本的に必要と思われるもの。

調理道具

●包丁
刃渡り20cmのステンレス製が扱いやすい。または12～14cmのペティナイフでも。

●まな板
合成樹脂のものが衛生的。

●ピーラー（皮むき器）
刃が回転するタイプが使いやすい。

●スライサー
おろし金とセットになったもの。

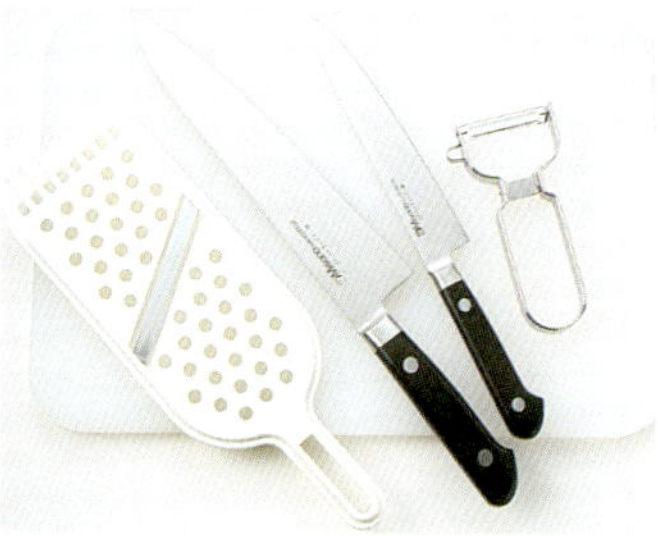

●フライパン
シルバーストーンかテフロン加工のものを。直径が22～24cmくらい。同寸のふたがあるとよい。

●片手鍋（ふた付）
直径約15cmのもの。

●煮もの用鍋（ふた付）
直径約20cmのもの。鍋は厚手のものがこげにくく調理しやすい。

●ボウル（中）
直径15cmくらいのステンレスか電子レンジにも使える強化ガラス製を。

●ざる
ステンレス製を。ボウルと重ねられるものが1個あるとよい。

●計量カップ・計量スプーン
カップ（200cc）を揃えるなら、計量スプーン（大さじ15cc、小さじ5cc）もセットであると便利。

撮影協力・株式会社池商

●フライ返し
テフロン加工のフライパンで使える樹脂製を。

●玉じゃくし
ふつうの丸型、または先のとがったレードル型を。

●木べら
炒めものや、カレーなどの煮こみ用。

●菜箸
料理用の長い箸。割り箸でも代用できるが、短くて使いづらい。

●しゃもじ
ご飯のつきにくい、プラスチック製が扱いやすい。炊飯器付属のものでよい。

●缶切り・栓ぬき
●キッチン鋏
まな板いらずでカットできる素材もある。
●保存容器・ラップ(ポリエチレン製)・アルミホイル・ポリ袋
残ったおかずやご飯を入れて冷蔵庫や冷凍庫で保存。
●水きりかご、洗い桶
洗った食器を上げておく。ステンレス製がよい。
●洗剤・食器洗い用スポンジ・たわし／布巾・台拭き
●中華鍋
量の多い野菜炒めや、炒飯にも使いやすい。
●土鍋
鍋ものにはこれが一番。シチューも、ご飯を炊くのにも使える。中くらいのものだと友人とも鍋を囲める。
●やかん
お茶やコーヒーなどの湯を沸かす。
●魚焼き網
ガステーブルにロースターとして組みこまれていれば不要。

電気製品・設備

●冷凍冷蔵庫
〝料理をする〟なら、少し大きめをえらびたい。
●炊飯器
ご飯を炊いてくれるだけで大助かり。あとはおかずを用意すればいい。
●電子レンジ
調理に、温め直しに、冷凍食品の解凍に。少量の調理が得意で、ひとり暮らし向き。
●オーブントースター
ホイル焼きやグラタンにも。
●ガステーブル(または電磁調理器)
一口または二口のもの。

食器

できれば料理がおいしくなる色、柄、質感のものを吟味したい。
●飯碗／汁椀
●平皿(直径18〜20㎝主菜を盛る)
●中皿(直径約10㎝・やや深いもの)
●小皿
●丼(麺類にも使えるもの)
●小鉢
●箸／スプーン／フォーク
●グラス／湯呑み
●カップ(コーヒーやスープにも)

揃えておきたい調味料、香辛料

●常備したいもの
塩／しょうゆ／こしょう／砂糖／味噌／サラダ油
●必要に応じて買いたしたいもの
使える素材が限られるときには、調味料しだいで料理の幅も広がる。
・和風だし(塩分の少ないものを)／固形スープの素／中華風だしの素
・酢／酒／みりん／ごま油
・練り辛子／練りわさび／マヨネーズ／ドレッシング／ウスターソース／トマトケチャップ／カレールウ／オイスターソース／トウバンジャン
・小麦粉(薄力粉)／片栗粉
・しょうが／にんにく／赤唐辛子
・カレー粉／ワイン／オリーブオイル

常備すると便利な脇役食品

いろいろな料理を引き立てる脇役として、また食品数を少しでも多くとるための1素材として重宝する。保存がきくので常備もおすすめ。
●ちりめんじゃこ
おひたし、炒飯、炒めもの、まぜご飯、卵焼き、おにぎりなどに。カルシウム源として活躍させたい。冷凍庫で保存。
●油揚げ
味噌汁の実に、煮ものに、うどん、そばの具に。きざんで冷凍しておくとすぐ使える。
●ベーコン
炒めものやスープ、トーストに。カリカリに炒めてサラダに。うまみがでるので重宝。きざんで冷凍庫で保存。
●炒りごま・すりごま
茹でた青菜にただかける、しょうゆとあえるだけで立派なごまあえに。サラダのドレッシングにも。
●削り節(真空パック)
おひたし・大根おろし・スライス玉ねぎ、冷や奴、湯豆腐に。
●カットわかめ
汁ものにはパッと放せて手軽。

生で食べる火なし料理

「これから料理をしてみたい」「持ち帰り弁当では野菜が不足気味」というときなどにすすめたいのが〝火なし〟で野菜を食べること。ちょっとした工夫で料理らしくなり、おいしく食べられる。

生で食べるポイント

●水でよく洗う

●切り方はいろいろ

野菜は切り方を変えるだけで味わいも変わる。包丁で切るばかりでなく、ちぎったり、たたいたり、スライサーを使ったり。

●塩をまぶす

野菜がしんなり、やわらかくなり食べやすくなる。量もたくさんとれる。

基本的な野菜の切り方

きゅうり

長いまま味噌をつける、乱切りにしてしょうゆをまぶすなど、パキッとした食感それだけで食べられる手軽さがいい。夏が旬の生野菜の代表格。

●たたいてひと口大に

空きビンなどでたたき手でひと口大に割れば、味がしみやすく、たくさん食べられる。

たたいたきゅうりはボウルに入れ、3本につき塩小さじ1をふって混ぜる。水が出てきたら、汁ごとふたつき容器に入れ冷蔵庫で保存。

そのままで漬けもの代わりに、かるくしぼって、しょうゆとしょうがのせん切りをまぶして一品に、好みのドレッシングでサラダにも。5日くらいはもつので、3本はまとめてつくりたい。

●きゅうりとわかめの酢のもの

たたききゅうり1本分（水けをしぼる）と、水でもどしてしぼったカットわかめ（乾燥でひとつまみ）を混ぜ、合わせ酢（酢大さじ1、砂糖小さじ1、塩少々）をかける。ここでは手軽なカットわかめを使ったが、塩蔵わかめでもよい。ちりめんじゃこをのせて。

トマト

夏の完熟トマトは丸かじりが最高。
冷凍庫に20～30分入れてちょっと凍らせると、
風呂上がりにはなおＧＯＯＤ！
旬にはビタミン含有量も高くなる。

●切り方いろいろ

乱切り、くし形、輪切りなど、切り方で見栄えも、味わいも変わる。好みのドレッシングで味つけして。

●トマトと玉ねぎのサラダ

乱切りにしたトマト、スライサーで薄く切った玉ねぎに塩、こしょう、酢、オリーブオイルをかける。パセリのみじん切りを散らして。

レタス

あくがなく、生食に最適な野菜。シャキッとした
食感がさわやか。買うときは芯の切り口が白く、
葉がみずみずしいものを。
切ると変色するので外葉からはがして使う。

●手でちぎる

包丁を使わず手でちぎった方が味もなじみやすい。冷水にしばらくつけておくと、パリッとする。トマト、きゅうりなどと好みのドレッシグでサラダに。

●レタスのいろいろ包み

大きめにちぎり、味つきザーサイ、キムチ、焼き豚など、好みのものをのせて包んで食べる。レタスが思わずたくさん食べられる。

キャベツ

春の巻きのやわらかいものは生がおいしく、巻きのしっかりした重いものは煮もの向き。1枚ずつ葉をはがして使うと長もちする。ちぎるかザク切って塩をしたり、加熱すると、たくさん食べられる。

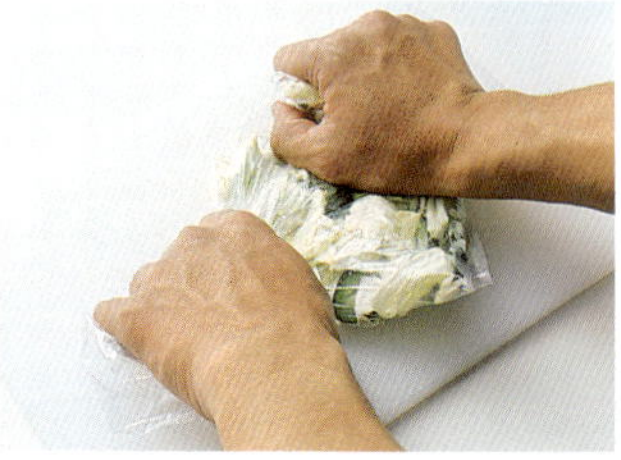

●塩をまぶしてもむ

キャベツは手でひと口大にちぎり(またはざく切り)ポリ袋に入れて塩をふり、袋ごと台などに押しつけるようにしてよくもむ。15分くらいおくと、しんなりする。こうすると切り方が大きめでも食べやすい。薄切りきゅうりを加えても(キャベツ3枚、きゅうり1本に塩約小さじ1)。

●コールスローサラダ

キャベツは2〜3枚重ねて細切りにし、かるく塩をまぶしてしんなりとさせる。スライサーで薄く切った玉ねぎ、小さく切ったハム、コーン(缶詰)とマヨネーズであえる。

大根・人参

根菜というと煮もの料理が思い浮かぶが、さっぱりした持ち味は、サラダにもよい。葉はすぐに切り落とし、使い残しは切り口をラップでぴったり包む。カロチン豊富な人参は努力して食べたい食材のひとつ。

●スライサーでサラダにも

根菜のきざみものはスライサー、ピーラーに助けてもらうと、せん切りも薄切りも、かんたんであっという間に。塩をしてしんなりさせると、ドレッシングの味がよくなじむ。

●大根・人参・ホタテのサラダ

縦四つ割りにしてからスライサーでいちょう切りにし、かるく塩をまぶして2〜3分おく。出てきた水けをきゅっとしぼり、ほぐした水煮のホタテ(缶詰)とマヨネーズであえる(鮭缶、ツナ缶でも。練りわさびを加えてもよい)。

豆腐

良質たんぱく質の王様、大豆が主原料。
夏は生で冷や奴、サラダだが、冬は鍋もの、
そのほか煮たり、炒めたりして毎日でも食べたい食品。
開封しなければ冷蔵庫で4～5日はもつ。

●薬味いろいろ

冷や奴の薬味はいつも、ねぎ、しょうが、削り節ばかりという人におすすめ。たとえば、焼き豚、ザーサイ、なめたけ、ツナ缶、みょうが、青じその葉、ハム、ごまなどを試してみては。

●豆腐のサラダ

水きりして角切りにした豆腐、水でもどしたカットわかめ、トマト、じゃこと好みのドレッシングで。豆腐をサラダにする際は、水きりすると味が水っぽくならない。（水きりの仕方：ざるにのせてしばらくおく。または、まな板において皿を1枚のせ、傾斜をつける）

納豆

あつあつご飯と納豆があればそれだけでもうれしい。
大豆製品をとるためには見逃せない食品。
冷凍でストックしておくとよい。

●薬味いろいろ

納豆をおいしく食べるには「とにかくよく混ぜる」。薬味にはにんにく、大根おろし、ねぎ、梅肉、ちりめんじゃこ、焼きのり、ごま、などもいい。

●納豆まぐろ

納豆、きざみねぎ、しょうゆ、練り辛子（またはわさび）をよくまぜ、まぐろのぶつ切りと合わせる。ご飯にのせて丼にしてもよい。

◯せん切りにした生野菜（きゅうり、大根、人参、レタス、青じその葉、みょうがなど）とサラダにしてもよい。

電子レンジで野菜をもっと食べる

茹でる、蒸すがいっぺんにできる電子レンジ調理のよさを活用。じゃが芋1個、なす1個という少量調理が短時間でできていい。使いこなせば、1人分料理のつよい味方になる。

電子レンジ調理のポイント

●加熱時間の目安を覚える

葉もの(キャベツなど)…100g(約2枚)で1分

根菜(じゃが芋など)…100g(中1個)で3〜4分

果菜(なすなど)…80g(1個)で1分

出力500Wのものを使用。600Wの機種では多少時間を減らす。調理するものの重さで加熱時間が変わってくるが、短めの時間で始め、途中で確かめながらすると失敗しない。また、機種によっても違うので、何度か試して最適時間をつかむとよい。

●平らにおいて平均に加熱

短時間でむらなく加熱するためには、大きさを揃えて切る、平らに並べる。できればターンテーブルの中心は避けておく。

●くり返し使える耐熱容器が便利

基本的には耐熱容器に入れてレンジ専用のふたをする。ラップを使う場合はレンジに使用可能のもので。塗りのお椀、プラスチックの容器、金や銀の入った食器は避ける。アルミホイルは電磁波を通さない。

じゃが芋

〝男爵〟はホクホクして粉をふきやすく、少し長めの〝メークイン〟は、煮くずれしにくい。初夏にでる新じゃがはこすり洗いで皮がむける。芽はとりのぞき、切ったら変色を防ぐため水につける。茹でるときは水から。

●じゃがバター

じゃが芋中1個(100g)を丸ごとふたつきの容器に入れて、3〜4分加熱。布巾でくるみ(熱いので)、両手で包むようににぎってつぶす。割れめにバターをのせ、あれば粗びきこしょうをふると、ひと味違う。

●かんたんポテトサラダ

じゃが芋中1個(100g)は、皮のまま4つに切り、容器に入れてふたをし、3〜4分加熱。皮をむき、熱いうちにフォークでつぶし、マヨネーズであえる。写真は冷凍ミックスベジタブルを加熱して加えた。茹で卵、スライス玉ねぎを入れてもよい。

なす

夏から秋がもっともおいしいなす。
油で調理するのもいいが、
油脂が気になるなら、
電子レンジ加熱がおすすめ。

●なすのドレッシングあえ

なす1個を5mm厚さの輪切りにして1分ほど水に放し、皿に並べてふたをし、約1分加熱。かるく水けをしぼり、しょうゆドレッシングであえる。削り節をのせて。おろししょうがを入れてもよい。

●なす・ピーマン・たたききゅうりの中国風

なす1個はへたを切って縦半分にし、1分加熱して縦3つくらいにさく。赤ピーマンは1cm幅に切って100gにつき1分加熱。たたききゅうり（62頁参照）と3種を、かるく水けをしぼって中華ドレッシングであえる。焼き豚を入れるとボリュームが出る。

きのこ類

火の通りやすいきのこ類は、電子レンジ調理向きで、
茹でるより水っぽくならない。
香りと食感が料理に変化をつけてくれる。
低カロリーで食物繊維が多いなどにも注目。
1年中手に入る。

●しめじと赤ピーマンのマリネ風

しめじ½パック（50g）は根元を切ってほぐし、皿に並べて30秒ほど加熱。赤ピーマン（適量）は食べやすく切って、100gにつき1分加熱。オリーブオイル、酢、塩、こしょうを混ぜてあえる。

●えのきと生野菜のサラダ

えのきだけ½パックは根元を切って、長さを半分にし、100gにつき1分加熱。レタス、トマト、きゅうりにえのきを散らし、ドレッシングをかける。

ブロッコリー

生で食べる国もあり、短時間の加熱で大丈夫。
小房に分けて茎も皮をむいて輪切りに。
輸入ものもあり、1年中みられるが、
秋から春にかけての国産品がおすすめ。

●ブロッコリーの辛子マヨネーズあえ

ブロッコリー100g（約½株）は小房に切り分けて1分半加熱、冷めたらマヨネーズ、練り辛子であえる。

もやし

何といっても、低コストが魅力の野菜。
ラーメンばかりでなく、ふだんの料理にも
使いたいもの。よくよく洗ってから調理する。
生のままではすぐいたむので、
残ったものは火を通しておく方がよい。

●もやしのナムル風

もやし½袋（約120g）を皿に平らにおいて1分強加熱し、塩少々とごま油、トウバンジャンであえる。

ピーマン

大きさが手ごろで色鮮やか。
1人分の料理に使いやすい素材。
特有の青臭さは加熱するとやわらぐ。
赤、黄色もある。

●おかかピーマン

半分にして種をとったピーマン（2個）を1cm幅に切り、皿に平らにおいてふたをし、1分加熱。しょうゆをふり混ぜ、削り節をかける。

かんたん炒めもので レパートリーを広げる

〝炒める〟は、野菜が5分で食べられる便利な調理法。自炊に限らず持ち帰り弁当などにも、かんたん炒めで野菜が手軽に添えられる。味つけをかえたり、じゃこやハムを加えて変化をつけるだけで広がるレパートリー。ピーマン、人参、にらなど馴染みの野菜から始めたい。

炒め方のポイント

- **●材料は大きさを揃えて切っておく**
- **●野菜の水けをきると油がはねない**
- **●調味料を用意してから始める**
- **●炒める油は材料200gに大さじ1杯**
- **●強火で手早く炒め、シャキッと仕上げる**
- **●味つけの塩分は材料の重さの1〜1・5％**

この目安ですると ほどよい味に。野菜200gに塩だけで味つけするなら小さじ2／5（2g）が目安。

- **●扱いやすいテフロン加工のフライパン**

初心者には、こげつかず、油もひかえられ、さっと洗えるのでおすすめ。

目と手ではかる

材料の重さや調味料の分量を、秤を使わずに見当がつけられるようになると便利。

- **●指2本で塩を2回つまむと約1g**
- **●卵1個大の材料は約50g**

卵の大きさを材料の大きさにあてはめると50gの見当がつく。

- **●きざんだ野菜を片手にのせて、山盛り1杯で約100g**

塩ひとつまみは、約0.5g

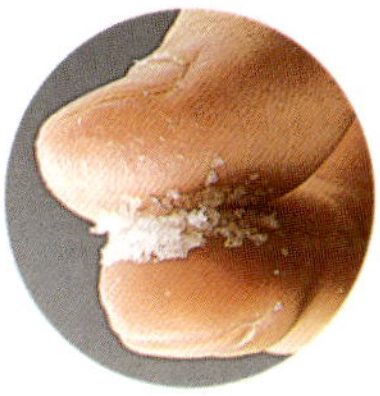

●じゃが芋のベーコン炒め

じゃが芋（1個）はピーラーで薄切りにして水に放し、水けをきる。玉ねぎ（1/8個）は薄切り。ベーコン（2枚）を細切りにしてバターで炒め、じゃが芋、玉ねぎを加えて炒め、塩、こしょうを少々し、シャキシャキ感を残して仕上げる。

●じゃが芋のきんぴら

じゃが芋1個（約100g）は太めのせん切りにして水に放し、水けをきる。熱した油でしんなりするまで炒め、酒（大さじ1）、砂糖（小さじ1）、しょうゆ（小さじ2）を加えてなじませる。七味唐辛子をふってでき上がり。

●ピーマンとなすの味噌炒め

ピーマンとなす（各1個）は縦半分に切って、5㎜幅の斜め切り。なすは1〜2分水に放して水をきる。油を熱してなすとピーマンをしんなりするまで炒め、味噌・酒（各大さじ1）、砂糖（小さじ1）を加えてなじませる。

●じゃこピーマン

細切りにしたピーマン（2個）を油で炒め、ちりめんじゃこ（大さじ2）を加え、酒・しょうゆ（各小さじ1）で味をつける。

●もやしと人参のカレー炒め

もやし（1/2袋：約120g）は洗って水けをきる。人参（3〜4㎝）はせん切り（スライサーで切っても）にする。両方を油で炒め、カレー粉（小さじ1）、塩（小さじ1/3）、こしょうををふり入れ、むらなく炒め合わせる。

●もやしとハムのごま風味炒め

もやし（1/2袋：約120g）は洗って水けをきり、細切りにしたハムとごま油（大さじ1）で炒め、しょうゆ（小さじ2）で味をつける。

●小松菜のにんにく風味炒め

小松菜（1/2わ）は、洗って水けをきり大きめのざく切りに。ごま油（小さじ2）を熱し、小松菜を強火で炒め、おろしにんにく（小さじ1）、塩（小さじ1/3）を加えて味をととのえる。

●大根と人参のきんぴら

大根（約3cm）は太めのせん切り、人参（3〜4cm）は大根より細めに切る（スライサーで切っても）。油を熱し、人参と大根を炒め、和風だし少々、砂糖（小さじ1）、酒・しょうゆ（各大さじ1）で味をつける。赤唐辛子をきざみ入れるか、七味唐辛子をふる。

●レタスのオイスターソース炒め

レタス3枚（約100g）は大きめにちぎる。油を熱してレタスを強火で炒め、オイスターソース（小さじ1）で味つけ。ごまをふり入れてもよい。

●にらと竹輪の炒めもの

にら（1/2わ）はざく切り、竹輪（小1本）は斜め薄切りにし、ごま油（小さじ1）を熱して炒め、塩、こしょう少々で味をつける。

おひたしと煮もので万年炒めもの脱出

いつも炒めものばっかり…という方にすすめたい
おひたしと手軽な煮もの。
これこそ外食では味わえない自炊冥利につきるというもの。
油を使わないので、エネルギーを抑え、
かたづけもラクなどメリットも大きい。

茹で方のポイント

●野菜を入れるタイミング
葉ものはたっぷりの湯が沸騰してから、根菜は水から茹でる。茹で加減は、葉ものはつまんで、根菜は楊枝でさして確かめ、さらに食べてみてちょうどよいところを覚える。

煮方のポイント

●大きさ、形を揃えて切る
あくがあるものは水に放す（ごぼう、なす、れんこんなど）

●水の量は材料にかぶるくらい
野菜にかぶるくらいのだし（水＋和風だし）を入れる。短時間で煮えるもの、素材の水分が多い場合はやや少なめに。

●調味料は最初ひかえめに
酒や砂糖を先に入れ、少し煮てから塩やしょうゆを入れる。途中で味を確かめると失敗がない。

●味つけの目安は塩加減1・5％
味つけの基本は塩分。おいしいと感じる濃度は、材料の重さの0・6～3％と幅がある。

煮ものの場合は"1～1・5％の塩分"と覚えておくと見当がつけやすい。野菜200gに、しょうゆなら大さじ1（材料の1・5％にあたる塩分）、砂糖はしょうゆの1/3～1/2見当で入れる。さらにうまみやこくを引き出す酒やみりんを加えるとよい。

●煮立つまでは強火、そのあとは弱火

●小松菜と油揚げの煮びたし

あくのない葉もの野菜を、さっと煮るだけ。

●チンゲン菜、キャベツ、白菜などでもよい。油揚げのほか、厚揚げ、竹輪、ちりめんじゃこなども合う。

●つくり方
小松菜（1/2わ）は洗って、根元を切り落とし、長さを3等分にする。油揚げ（1枚）は縦半分にして1cm幅に切る。水（1カップと和風だし）にしょうゆ・酒（各大さじ1）、砂糖（好みで大さじ1/2）を煮立て、油揚げと小松菜のかたい部分を先に入れ、ひと煮立ちしたら葉を加え、3～4分煮る。

●ほうれん草のおひたし

おひたしは最後のしぼり加減で味が決まる。かたすぎず、ゆるすぎず。

●春菊、小松菜、にら、白菜、キャベツ、チンゲン菜、もやしなどもおひたしに。

●つくり方
ほうれん草はザブザブと洗い、沸騰した湯に、根の方から入れる。やわらかくなったら（茹ですぎに注意）たっぷりの水にとってさらし、しぼって3cmくらいに切る（先に切ってから洗い、茹でるのでもよい）。しょうゆをかけて、削り節やすりごまをふる。

●大根と厚揚げの煮もの

薄めに切れば、大根も今晩のおかずに間に合う。

●じゃが芋、里芋、人参、れんこんなどの根菜類とこんにゃく、昆布など、組み合わせは自由に。

●つくり方

大根(約4cm：200g)は1cm厚さのいちょう切り、人参(1/3本)は1cm厚さの半月切り、厚揚げ(1/2枚)は乱切りにする。鍋に材料すべてと水(11/2カップ)、和風だし、酒(大さじ1)を加えて火にかけ、煮立ってきたらあくをとり、5分くらい煮てから砂糖(小さじ2)、しょうゆ(大さじ11/2)を入れ、15分ほど大根がやわらかくなるまで煮る。

●キャベツとベーコンのスープ煮

鍋にあふれるほど入れた野菜も、煮えてしまえばたったの一皿。野菜不足解消に役立つ。

●白菜、かぶ、大根、玉ねぎ、セロリ、オクラなどでも。

●つくり方

キャベツ(200g)は大きなざく切り、ベーコン(2枚)はひと口大に切る。スープ11/2カップ(水と固形スープの素1個)と野菜を鍋に入れ、キャベツがやわらかくなるまで10分くらい煮、塩、こしょうで味をととのえる。

●かんたんポトフ

野菜とソーセージを煮こんだ洋風版おでんのようなもの。スープといっしょに食べる。本来は大切り野菜とかたまり肉を使うので時間がかかるが、これは20分も煮ればでき上がる。

●つくり方(2食分)

じゃが芋(2個)、玉ねぎ(1個)は4等分に、人参(小1本)は乱切りにする。材料すべてを鍋に入れ、スープ3〜4カップ(水と固形スープの素2個)をそそぎ、強火にかける。煮立ってきたらあくをとり、野菜がやわらかくなるまで15分くらい煮る。塩小さじ1/2、こしょうで味をつけ、フランクフルトソーセージ(2本)を加えて5分くらい煮る。マスタードをつけて食べるとよい。

冷凍でも野菜は野菜

煮もので食べたいごぼう、里芋、れんこんなども、ひと手間省ける冷凍ものを利用して気軽に調理。男ひとりの料理は、食べたり、食べなかったり、材料のくり回しがむずかしい。冷凍庫にストックして上手に使えば材料のむだも少なくなる。

調理のポイント

●**下準備は不要**
皮はあらかじめむかれているため、下準備に手のかかる野菜もすぐに使える。

●**解凍せずに凍ったまま調理する**

●**調理時間は短めに**
80％くらいの加熱処理がしてあるので、生野菜より調理時間は短くてよい。

●**賞味期限に注意**
冷凍だからと入れっぱなしにせず、期限内に使いきるように。開封したものは必ず密封してしまい。なるべく早く使いきること。

冷凍野菜のいろいろ

〝生〟よりも味は落ちるが〝かんたん調理〟ができるメリットがある

ささがきごぼう

和風野菜ミックス

里芋

かぼちゃ

ブロッコリー

ミックスベジタブル

枝豆

具だくさんの汁ものミックス

スイートコーン

さやいんげん

フレンチフライドポテト

ほうれん草

●里芋の煮ころがし

里芋(200g)、水1カップに和風だし、酒(大さじ1)、砂糖(大さじ1/2)、塩(小さじ1/2)、しょうゆ(小さじ1)を鍋に入れ、やわらかくなるまで約10分煮る。

○市販のめんつゆを薄めて味つけに使ってもよい。

●かぼちゃの洋風煮

かぼちゃ(200g)とひと口大に切ったベーコン(1枚)を鍋に入れ、バターをところどころに散らして、水(1/2カップ)、固形スープの素(1/2個)を加えてふたをし、やわらかくなるまで弱火で煮る。

●筑前煮

とりもも肉(100g)は3cmくらいに切って、しょうゆ・酒(各小さじ1)で下味をつけ、油を熱して表面に焼き色をつけてとり出す。油をたし、和風野菜ミックス(200g)を凍ったまま炒め、水(1/2カップ)、酒(大さじ1)、砂糖(小さじ2)を加えて煮始める。5分くらいしたら、しょうゆ(大さじ2)を入れ、とり肉をもどし、ふたをして弱火で汁けがなくなるまで、約10分煮る。途中で1〜2回混ぜる。

○時間にゆとりのあるときは、生野菜でもつくってみたい。

一日一個 "朝の卵料理"

卵は常備して価値ある素材の筆頭。
栄養バランスがくずれがちな
ひとり暮らしだからこそ、積極的にとり入れたい。
茹でたり焼いたりするだけで朝食の立派な一品になるし、
オムレツに、卵とじに、炒飯や丼にと、
利用範囲が広い。

卵の調理

茹でて

●半熟、かた茹で
●ポテトサラダに、マヨネーズであえてサンドイッチに、豚大根やおでんなどにいっしょに煮こむ。
●ラーメンやうどんの具に。

溶いて

●スクランブルドエッグ（左頁）
●卵とじ（炒めもの、煮びたしなど最後にまわし入れる）
●丼ものに（親子丼、カツ丼などの具をとじる）
●かきたま汁に（煮立った清汁やスープに溶き入れる）

落として

●目玉焼き（左頁）
●味噌汁やスープに落として
●煮こみうどんや雑炊に（ポンと割り入れ、ふたをして蒸らす）
●電子レンジココット（容器に野菜をしき、上に落として加熱。黄身を楊枝で2～3カ所つついておくと、破裂しない）

●茹で卵

鍋に卵を入れ、かぶるくらいの水を加えて火にかける。始めは強火、プツプツ泡が出てきたら火を弱める。
茹で時間は、湯が煮立ってから
●やわらかめの半熟…5分
●かための半熟…7分
●かた茹で…12分
かた茹で卵のからを上手にむくには、湯を捨て、ふたをして力を入れてゆすり、からにひびを入れて水にとり、2～3分おく。からの間に水が入ってむきやすくなる。

●目玉焼き

フライパンにサラダ油を入れて熱し、卵をそっと割り入れる。中火にし、白身が白っぽくなったら、水大さじ1を入れ、ふたをして1分ほど焼く。黄身のかたさは好みで。

◯油をひかずにベーコンをかるく焼いた上に卵をのせてもよい。

◯きざみ野菜、茹で野菜の上に落としても。

●コーンとチーズのスクランブルドエッグ

卵を割りほぐし、コーン（冷凍か缶詰）、チーズ、塩、こしょうを混ぜる。
フライパンにバターを入れて火にかけ、溶けてきたら、混ぜたものを流し入れ、大きくかき混ぜて半熟状に仕上げる。
◯加える具の変化
ちりめんじゃことねぎ／ハムとほうれん草／トマトとチーズ／明太子とねぎ／焼きのりとチーズ

●オムライス（電子レンジでつくるかんたんバターライスで）

深めの皿に、ご飯（200g）にバター（大さじ1）をのせてラップをし、1分加熱。ケチャップ、塩、こしょうを混ぜて味つけ。

ボウルに卵（1〜2個）を割ってほぐし、塩、こしょうを加えてさっと混ぜる。

フライパンにバターを熱して卵を流し入れ、大きくゆっくり混ぜる。半熟状になったら片側にバターライスをのせ、卵をかぶせて皿にとる。

◯バターライスを皿に盛り、フライパンで半熟に焼いた卵をかぶせてもよい。

食べ方はアイディアしだい

アンケートから

●ヒラヒラワンタンスープ

学生時代、寮の朝飯でつくった汁もの。ワンタンの皮がそのままヒラヒラ入って、適当なとろみもつき、うまい。

●つくり方

豚ひき肉を炒め、ざく切り、薄切りの野菜(白菜、人参、玉ねぎ、もやし…)とたっぷりの水を加えて煮る。和風だしを入れ、味噌で調味。ワンタンの皮を1枚ずつ、煮立っている汁の中に投げ入れ、火が通ればでき上がり。

●れんこんのとんかつソース炒め

使い慣れない野菜だが、ご飯との相性もよく、つまみにもいい。下茹でするひと手間で、シャキシャキした炒めものになる。

●つくり方

酢を入れた湯で(白くきれいに茹で上がる)薄く半月切りにしたれんこんをさっと茹でる。細切りにしたベーコンといっしょに炒めて、とんかつソースで味つけすればOK。

●ふりかけ式ドレッシング

市販のドレッシングはもう飽きた、かといっていちいちつくるのはめんどう、というときにするのが、イタリア式。野菜は器ごと冷やしておき、食べる直前に野菜の上に材料を直接ふりかけ、野菜ごとよくよく混ぜ合わせて食べる。

●調味料の目安

塩(小さじ1/4)、酢(大さじ2)、サラダ油(大さじ3)、こしょう少々

○好みでマスタード、白ワインを加えても。

●包丁いらずの味噌汁

まな板も包丁もよごさない味噌汁。カットわかめをとろろ昆布やごまに変えても、風味が違っておいしい。

●つくり方

沸騰した湯に和風だし、ざっと洗ったなめこを入れ、味噌を溶かす。ひと煮立ちさせて最後にカットわかめを加える。あれば、三つ葉をはさみで切って入れる。

●何でも入れる「炒り豆腐」

豆腐と手元にある野菜を炒めて、最後に卵でとじるだけ。豆腐は体にいいと聞くし、いくらでも食べられあきない。

●つくり方

とりひき肉(豚ひき肉でも)を炒めて、野菜(人参、きのこ類、小松菜、もやし、ねぎ、冷凍グリンピース、生ひじき…)を切りながらどんどん加え、電子レンジで加熱して水きりした木綿豆腐を入れてほぐしながら炒める。酒、しょうゆ、塩(好みで味噌)で味をつけ、溶き卵を入れて混ぜ、火が通ればでき上がり。

●もちもちにらチヂミ

小麦粉、水、卵を混ぜてつくった生地に、にらを入れて焼くだけのねっとり、もちっとした歯ざわりの韓国風お好み焼き。主食にもおかずにもなって、酸味や辛味のきいた酢じょうゆ、レモンじょうゆ、チリソースなどがよく合う。(白菜キムチ、ピーラーで薄くささがきにしたごぼう、薄切りの玉ねぎもいい)

●つくり方

小麦粉(1カップ)、水(1カップ)、卵(1個)をよく混ぜて、2〜3cmに切ったにらを加える。フライパンにごま油を熱し、生地を薄くのばして、木べらで押しながら焼く。

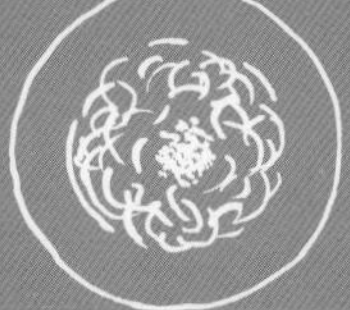

肉と野菜が食べられるおかず

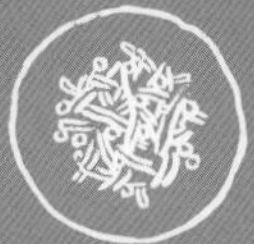

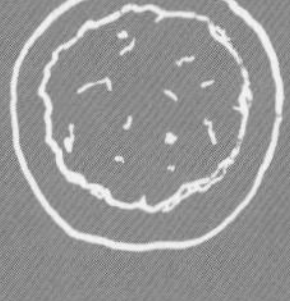

毎日つくる料理なら、
主菜と副菜がいっしょになった
おいしいものがいい。

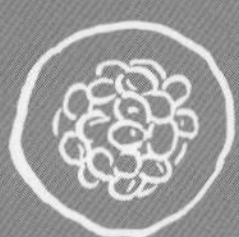

肉野菜炒め

炒めものなら、まずはこのとり合わせから

●つくり方 フライパンにサラダ油を熱し、豚肉を炒める。
肉の色が変わってきたら野菜を入れ、塩、こしょうをして強火で炒め、
火が通ったら最後にしょうゆ、ごま油を加えて香りをつける。

●材料		●下準備
豚薄切り肉	60g	2cmに切る
キャベツ	100g	ざく切り
ピーマン	1個	種をとって細切り
玉ねぎ	1/4個	細切り
塩	小さじ1/2	
こしょう	少々	
しょうゆ	少々	
ごま油	小さじ1	
サラダ油	大さじ1	

●ポイント
[炒める]
強火で手早く炒めると、野菜がシャキッとする。

主菜＋
副菜を
この一皿で

豚肉とにんにくの芽炒め

肉に下味をつけておいしさもワンランクアップ

●つくり方　フライパンにサラダ油を熱して、
しょうゆ、酒、ごま油、片栗粉をまぶした細切り豚肉を炒め、
火が通ったら、人参、にんにくの芽、
しめじを順に加えて炒め、酒、しょうゆ、砂糖で味をつける。
仕上げにごま油をふりかけて香りをつける。

●材料		●下準備
豚肉しょうが焼き用（または薄切り）	100g	細く切り下味をつける
下味（しょうゆ・酒・片栗粉・ごま油各小さじ1）		
にんにくの芽（冷凍）	100g	3cm長さに切る
人参	少々	細切り
しめじ	1/2パック	根元を切ってほぐす
サラダ油	大さじ1	
酒	大さじ1	
しょうゆ	小さじ2	
砂糖	少々	
ごま油	少々	

●ポイント
［味つけ］
片栗粉入りの下味をつけると、肉が味よく、口当たりよく仕上がる。
◯豚肉と合わせる野菜は、にんにくの芽だけでも充分おいしい。にんにくの芽の代わりにたけのこ、ピーマン、アスパラ、玉ねぎ、生しいたけなどもよい。
◯にんにくの芽は、ほかのものに比べ日もちするので重宝な野菜。生を使う場合は、切って、塩少々入れた湯でさっと茹でてから使う。電子レンジでもよい。

●材料		●下準備
豚ひき肉	100g	
なす	1個	縦半分にして、斜め薄切り
ピーマン	1個	種をとって細く切る
えのきだけ	1/2袋	根元を切ってほぐし、半分に切る
長ねぎ	5cm	5mm幅の小口切り
トウバンジャン	小さじ1/2	
塩	ひとつまみ	
サラダ油	大さじ1	
合わせ調味料		
しょうゆ・酒	各大さじ1	合わせておく
水	大さじ4	合わせておく
片栗粉・砂糖	各小さじ1	合わせておく

●ポイント
［あくぬき］
なすは2〜3分水につけてあくをぬく。
［味つけ］
調味料を合わせておくと一気にできる。片栗粉を入れることで、肉と野菜のうまみが逃げない。
［炒める］
豚ひき肉はポロポロになるまでよく炒める。野菜を入れる順番は、火の通りにくいものから。先に塩だけを入れ、なすがしんなりしたら、調味料を加える。

ひき肉野菜炒め

うまさの決め手はピリ辛仕上げ

●つくり方　フライパンに油を入れて火にかけ、
ひき肉とトウバンジャンを炒め、
なす、ピーマン、えのきだけ、
ねぎと塩を加えて炒める。
野菜に火が通ったらしょうゆ、
酒などの合わせ調味料で味をつける。

厚揚げとアスパラのオイスターソース炒め

ソースのこくで本格的な仕上がりに

●つくり方 フライパンにサラダ油を熱して塩ひとつまみ入れ、アスパラ、しめじ、厚揚げの順に加えて炒め、合わせ調味料で味つけする。

●材料		●下準備
厚揚げ	1/2枚	7〜8mm厚さに切る
グリーンアスパラガス	1/2束	根元を切り、3〜4cm長さに斜め切り
しめじ	1/2パック	根元を切ってほぐす
サラダ油	大さじ1	
塩	小さじ1/4	
合わせ調味料		
オイスターソース	小さじ1	合わせておく
しょうゆ	小さじ1	
酒	大さじ1	
砂糖	小さじ1/2	
水	大さじ3	
片栗粉	小さじ1	
ごま油	小さじ1	

●ポイント

[炒める]

青い野菜を炒めるときは、最初、油に塩を入れると色よく仕上がる。

アスパラをひと炒めしてから、しめじ、厚揚げの順に、入れる。

[味つけ]

合わせ調味料が材料になじんだらでき上がり。

◯厚揚げは、熱湯をかけて油ぬきして使うとよい。

◯オイスターソースは炒めものに重宝。複雑なうまみが味にこくをつける。

●材料		●下準備
豚肉薄切り	80g	2cmくらいに切る
白菜キムチ	80g	食べよい大きさに切る
にら	1/2わ	ざく切り
ごま油	小さじ2	
塩	少々	

●ポイント

◯豆腐、キャベツ、もやし、ねぎなどを加えてもよいが、その場合は、味をみて塩、しょうゆで補う。

◯白菜キムチは、炒めもの、鍋ものなどに入れると味が複雑になる。少し酸味が出たものがおいしい。

豚キムチ

ご飯がすすむキムチ味

●つくり方 フライパンにごま油を熱し、豚肉を炒め、色が変わってきたら、にらと塩を加えて炒め、キムチを加えてひと炒めする。

シーフードと野菜の炒めもの

とろみでとじこめた、おいしいエキス

●つくり方 フライパンにサラダ油を熱し、チンゲン菜と玉ねぎを炒め、とり出しておく。もう一度、油を熱し、シーフードを炒め、チンゲン菜、玉ねぎ、合わせ調味料を加え、炒めながら火を通す。

●材料		●下準備
シーフードミックス	100g	下味をつける（冷凍品は解凍後）
下味（塩小さじ1/4、酒・片栗粉各小さじ1）		
チンゲン菜（白菜でも）	100g	ざく切り
玉ねぎ	1/4個	1cm幅のくし切り
サラダ油	大さじ1 1/2	
合わせ調味料		
オイスターソース	小さじ1	合わせておく
塩	小さじ1/4	〃
酒	大さじ1	〃
砂糖	小さじ1/2	〃
水	大さじ4	〃
片栗粉	小さじ1	〃

えびとトマトのマヨネーズ炒め

マヨネーズ好きにはたまらない味

●つくり方　フライパンに油を熱し、下味をまぶしたえび、ねぎ、トウバンジャン、ピーマンを炒める。最後にトマトを加え、マヨネーズとしょうゆ少々で味をつける。

●材料		●下準備
むきえび	60g	下味の調味料をまぶして5〜6分おく
下味（酒・塩・片栗粉各少々）		
長ねぎ	5cm	厚めの小口切り
ピーマン	1個	種をとり、細く切る
トマト	1個	2cm幅のくし形に切る
サラダ油	小さじ2	
トウバンジャン	小さじ1/2	
マヨネーズ	大さじ1	
しょうゆ	少々	

●ポイント

［炒める］

えび、ピーマンに火が通ったらトマトを加える。

［味つけ］

マヨネーズは火を通しすぎると油にもどってしまうので、さっと仕上げる。えび（冷凍品）に塩けがあるときは味つけに注意。

○えびの代わりに、ホタテ（半分に切る）でもおいしい。

つくり方 フライパンに油を熱してブロッコリー、ピーマンを炒め、
塩と湯を加えて1分くらい火を通し、ざるにあける。
油(分量外)をたして熱し、牛肉を炒め、野菜をもどして調味料を加え、最後にごま油をふる。

材料
牛肉薄切り(少し厚め)……………100g……3cmくらいに切り、下味をつける
下味(酒、しょうゆ、片栗粉各小さじ1)
ブロッコリー(冷凍でも)……70〜100g……小房に切る
赤ピーマン……………………大1/2個……2cmくらいに切る
サラダ油…………………………大さじ1
湯通しに(塩小さじ1/3、湯1カップ)
しょうゆ……………………………少々
塩……………………………小さじ1/3
酒……………………………小さじ1
ごま油………………………………小さじ1

下準備

ポイント
[炒める]
ブロッコリーのように炒めるだけでやわらかくなりにくい野菜は、途中でさっと湯通しする。

牛肉とブロッコリーの炒めもの

栄養、ボリューム、彩りも満点

豚大根

肉のうまみたっぷりの大根。ご飯がうまい！

●つくり方　鍋に油を熱して豚肉を炒め、
切った大根、分量の水、
酒を入れて10分煮る。
砂糖、しょうゆを加え、
弱火で大根がやわらかくなるまで
15分くらい煮る。

●材料		●下準備
大根	約6cm（300g）	2cmの輪切りにして皮をむき、4〜6つに切る
豚肩ロース（厚切り）	2枚（約300g）	食べよい大きさに切る
水	1½カップ	
酒	大さじ2	
砂糖	大さじ1	
しょうゆ	大さじ2	
サラダ油	大さじ1	

●ポイント
［煮る］
この分量なら鍋は直径18cmがちょうどよい。煮立ってきたらあくをとり、ふたをして煮る。
○しょうゆを入れたあと、茹で卵を入れて煮てもよい。

●材料		●下準備
とりもも肉（ぶつ切り）	100〜130g	塩、こしょうをふり、ポリ袋に粉といっしょに入れてまぶす
塩	小さじ1/3	
こしょう	少々	
小麦粉	大さじ1	
にんにく（チューブ入りでも）	1片	かるくつぶす
玉ねぎ	50g	薄く切る
なす	1個	1cm厚さの輪切り
しめじ	1/2パック	
オリーブオイル（サラダ油でも）	大さじ1	
ワイン（酒でも）	大さじ2	
トマト水煮缶	1/2缶（約200g）	つぶして、汁ごと使う
塩	小さじ1/4	
こしょう	少々	

○このトマト煮はパスタのソースにしてもよい。
○水煮トマトの残りはフリーザーパックなどに入れて冷凍可。

とりとなすのトマト煮

手軽なトマト缶でイタリア風煮こみに

●つくり方　鍋にオリーブオイルを温め、
にんにくをかるく炒め、とり肉を両面焼く。
同時に脇で玉ねぎ、なす、しめじを炒める。
トマトの水煮と調味料を加え、
ふたをして10分くらい弱火で煮る。

お好み衣焼き

ひとりでもできる"てんぷら風"料理

●つくり方　肉、魚、豆腐、野菜などに、卵の衣をつけ、やや多めのサラダ油で両面焼く。ポン酢しょうゆや好みのたれで。火の通りにくい野菜は、レンジで加熱してから。

●材料 / ●下準備

材料	分量	下準備
肉・魚（とりむね肉、豚肉薄切り 生鮭、たら、さわらなど）	約80g	とり肉、魚はそぎ切りにし、酒、塩で下味をつけておく
豆腐	1/4丁	厚さ約1cmに切りしょうゆをまぶす
野菜	適宜	なす、かぼちゃ、さつま芋、玉ねぎは5mm厚さ、ピーマンは幅1cmくらい 人参は2mmくらいの薄切り
サラダ油	適宜	
衣		
卵	1個	卵をよく溶き、片栗粉を混ぜてとろりとさせる
片栗粉	大さじ4	（同上）

たれ
・ポン酢しょうゆ（レモン汁、しょうゆ）
・マヨネーズとケチャップを合わせて

●ポイント

［下準備］
かぼちゃ、さつま芋、じゃが芋などは電子レンジで100gにつき2分加熱してから焼く。

［焼く］
衣がゆるくて流れてしまうときは、片栗粉をたす。

○多めにできたら冷凍しておくと便利。後日、味噌汁の具に、天つゆ風のたれで丼にもなる。

キムチ炒飯

誰もが好きなキムチで炒飯を

●つくり方　サラダ油で豚肉を炒め、ご飯を加えて炒めながら塩、こしょう。キムチ、ねぎを入れて炒め、しょうゆで味をととのえる。

●材料		●下準備
豚肉こま切れ	80g	1cmに切り、塩、こしょうする
下味(塩・こしょう各少々)		
白菜キムチ	80g	食べやすい大きさに切る
長ねぎ(青いところ)	10cm長さ	小口切り
塩・こしょう・しょうゆ	各少々	
ご飯	約200g	
サラダ油	大さじ2	

◯米の研ぎ方　米の入った釜にたっぷりの水を入れ、最初の水はひと混ぜしてすぐに捨てる。手のひらで軽く押さえるようにしながら、米をかき混ぜて研いだあと、たっぷりの水を加えて洗い流すことを、3〜4回くり返す。

ドライカレー

食べ方は、パンにはさむ、
レタスで包むなど、工夫次第

●つくり方　鍋にバターを溶かし、にんにく、玉ねぎのみじん切りを炒め、ひき肉を加えて炒め、カレー粉とワインをふり入れて混ぜる。水と残りの調味料をすべて入れ、こげないようにときどき混ぜながら煮る。温かいご飯にかけて。

●材料（2食分）		●下準備
合びき肉	200g	
バター（またはサラダ油）	20g	
にんにく	1片	みじん切り
玉ねぎ	1/2個	みじん切り
カレー粉	大さじ1	
ワイン（酒でも）	大さじ2	
水	2/3カップ	
固形スープの素	1個	
トマトケチャップ	大さじ2	
カレールウ	20g	
塩	小さじ1/3	
こしょう	少々	
ウスターソース	小さじ1	

●ポイント

［炒める］
肉はポロポロになるまで炒める。

○薬味いろいろ
　ピクルス、茹で卵、チーズ、福神漬

○ドライカレーは多めにつくって冷凍しておくと重宝。

●材料		●下準備
塩鮭（切り身）	1切れ	焼いてほぐし、酒をふる。電子レンジで火を通してもよい。
酒	小さじ2	
卵	1個	溶き混ぜる
塩	ひとつまみ	（卵と）溶き混ぜる
長ねぎ	10cm	小口切り
塩・こしょう	少々	
サラダ油	大さじ2	
ご飯	約200g	

●ポイント

○ちぎったレタスを入れるのもよい。

○野菜やわかめのスープを添えると栄養のバランスがよくなる。

鮭炒飯

塩鮭、卵、ねぎのシンプルさがいい

●つくり方　フライパンに油半量を入れて熱し、溶き卵を流し入れ、大きく混ぜて半熟程度にしてとり出す。油をたし、ねぎを炒め、ご飯を炒め、塩、こしょうする。鮭のほぐし身を入れ、卵をもどし、パラッと炒め上げる。

すき焼き丼

すき焼き風煮を丼に。
味つけはしっかりめがおいしい

●つくり方　鍋に水と調味料を入れて煮立て、牛肉、しめじ、焼き豆腐、しらたき、ねぎを入れ、ふたをして7〜8分、汁けが少し残るくらいまで煮る。ご飯の上に汁ごと盛りつける。

●材料 / ●下準備

牛肉薄切り	80g	2cmくらいに切る
しめじ（えのきだけでも）	1/2パック	根元を切ってほぐす
焼き豆腐（豆腐でも）	1/3丁	1cm幅に切る
しらたき	1/2個	よく洗い4〜5cm長さに
長ねぎ	1/3本	斜め切りに
水	1/2カップ	
酒	大さじ2	
しょうゆ	大さじ3	
砂糖	大さじ1½	
ご飯	約200g	

●ポイント

［煮る］

材料は煮汁にひたるように平らに入れる。

○この分量なら、鍋は直径18cmがちょうどよい。

○卵をのせるとさらにボリュームが出る。

○丼ものをおいしく
温かいご飯を使う。ご飯は平らに盛ると具の味が平均につく。汁の分量に注意。多すぎると、ご飯がべしゃべしゃに、少ないとご飯に味がつかない。

●材料 / ●下準備

豚肉薄切り（または豚こま）	60g	2cmくらいに切る
キャベツ	100g	ざく切り
もやし	100g	よく洗って水をきる
人参	20g	せん切り
長ねぎ（玉ねぎでもよい）	適宜	斜め切り
ピーマン	1/2個	細く切る
茹でうどん	1玉	
塩	小さじ2/3	
こしょう	少々	
中濃ソース	適宜	
削り節	適宜	
サラダ油	大さじ2	
紅しょうが、青のり	各適宜	

焼きうどん

手軽で野菜もとれる
うどん料理

●つくり方　油を熱して豚肉を炒める。火が通ったら野菜を加え、しんなりしたら塩、こしょう、うどんを入れて炒め、ソースで味をつけて削り節をふりかける。

中華丼

肉も野菜もご飯も食べられるバランス丼

●つくり方　サラダ油を熱して豚肉を炒め、次に白菜、生しいたけ、人参、かまぼこ、ねぎを入れて炒める。
合わせ調味料を加え5〜6分煮、白菜がやわらかくなったら
水溶き片栗粉でとろみをつけ、ご飯の上にかける。

●材料		●下準備
豚肉薄切り	80g	2cmくらいに切り、下味をつけておく
下味(塩・酒各少々)		
白菜	1枚(100g)	茎は3cmくらいのそぎ切り、葉はざく切り
生しいたけ	1枚	そぎ切り
人参	20g	薄いたんざく切り
かに風味かまぼこ	1本	食べよい大きさに切る
長ねぎ(青いところも)	1/4本	斜め切り
サラダ油	大さじ1	
合わせ調味料		
酒	大さじ1	合わせておく
スープ(水＋スープの素1/2個)	2/3カップ	合わせておく
塩・砂糖	各小さじ1/2	合わせておく
しょうゆ	小さじ1	合わせておく
ごま油	少々	合わせておく
片栗粉	小さじ2	混ぜる
水	大さじ1	混ぜる

●ポイント
［煮る］
水溶き片栗粉でとろみをつけるときは、まず火を止め鍋全体にまわしながら入れ、再び火を通す。

白菜鍋

寒い日は手早いあったか鍋が一番

野菜不足解消は鍋料理で

●つくり方　鍋に、バラ肉、白菜を入れて湯（水でも）をはり、ねぎをのせ調味料を入れて火にかける。
煮ながらたれをつけて食べる。

●材料		●下準備
白菜	1/8株（300g）	ざく切り
豚バラ肉薄切り	100g	
長ねぎ	1/3本	斜め切り
湯	2カップ	
酒	大さじ1	
塩	少々	
しょうゆ	少々	
たれ（しょうゆ・大さじ2、すりごま・練り辛子、各適宜）		

●ポイント
肉からうまみが出るので、だしは不要。
豚バラはできるだけ薄い方がおいしい。
○材料を増やすなら、えのきだけ、春雨などを。
○辛みが好みなら、キムチを入れても。
○たれはポン酢、またはトウバンジャンとごま油を合わせても。

とり味噌鍋(ちゃんこ風)

これで野菜不足も解消

●つくり方　鍋にだしを入れて火にかけ、白菜、人参、こんにゃく、とり肉を入れ、少し煮たらねぎ、えのきだけ、茹でうどんなど残りの材料を入れ、味噌だれを加えて煮こみ、味がしみたところで、汁といっしょに食べる。

●材料(1〜2食分)		●下準備
とりもも肉(ぶつ切り)	150〜250g	
白菜	1〜2枚(100g)	茎はそぎ切り、葉はざく切り
人参	30g	薄いたんざく切り
糸こんにゃく	1/3〜1/2袋	洗って食べやすい長さに切る
油揚げ	1枚	縦半分にして2cm幅に
豆腐(焼き豆腐でも)	1/3丁	縦半分にして1cm幅に
えのきだけ	1/2パック	根元を切り、半分に
長ねぎ	1/3本	斜め切りに
茹でうどん	1玉	
だし(水＋和風だし)	2カップ	
酒	大さじ2	
味噌だれ		
味噌	大さじ2	合わせておく
しょうゆ	小さじ2	
砂糖	小さじ2	
酒	大さじ1	
おろしにんにく	小さじ1/2	
おろししょうが	小さじ1/2	

●ポイント
材料は揃わないものがあってもよい。
[煮る]
白菜の茎、人参、こんにゃくなど火の通りにくいものを先に煮る。味噌の味をしませる。

1日の栄養所要量(男性)

①年齢区分別体位基準値および 生活活動強度別エネルギー・たんぱく質・脂質所要量

年齢(歳)	体位基準 身長(cm)	体重(kg)	エネルギー所要量 生活活動強度*I(低い)(kcal/日)	生活活動強度II(やや低い)(kcal/日)	生活活動強度III(適度)(kcal/日)	生活活動強度IV(高い)(kcal/日)	たんぱく質所要量(g/日)	脂肪エネルギー比率所要量(%)
18〜29	171.3	64.7	2,000	2,300	2,650	2,950	70	20〜25
30〜49	169.1	67.0	1,950	2,250	2,550	2,850		
50〜69	163.9	62.5	1,750	2,000	2,300	2,550	65	

(＊3の「生活活動強度の区分」を参照)

②ビタミン・無機質摂取基準

年齢(歳)	ビタミンA 所要量	ビタミンA 許容上限摂取量	ビタミンD 所要量	ビタミンD 許容上限摂取量	ビタミンE 所要量	ビタミンE 許容上限摂取量
	(μgRE)		(μg)		(mgα-TE)	
18〜29	600(2,000IU)	1,500(5,000IU)	2.5(100IU)	50(2,000IU)	10	600
30〜49	600(2,000IU)	1,500(5,000IU)	2.5(100IU)	50(2,000IU)	10	600
50〜69	600(2,000IU)	1,500(5,000IU)	2.5(100IU)	50(2,000IU)	10	600

年齢(歳)	ビタミンB_1 所要量	ビタミンB_2 所要量	ビタミンC 所要量	カルシウム 所要量	カルシウム 許容上限摂取量	鉄 所要量	鉄 許容上限摂取量
	(mg)						
18〜29	1.1	1.2	100	700	2,500	10	40
30〜49	1.1	1.2	100	600	2,500	10	40
50〜69	1.1	1.2	100	600	2,500	10	40

③生活活動強度の区分(目安)

区分	日常生活の内容
生活活動強度 I(低い)	散歩、買物など比較的ゆっくりした1時間程度の歩行のほか、大部分は座位での読書、勉強、談話、また座位や横になってのテレビ、音楽鑑賞などをしている場合。
生活活動強度 II(やや低い)	通勤、仕事などで2時間程度の歩行や乗車、接客、家事等立位での業務が比較的多いほか、大部分は座位での事務、談話などをしている場合(現在、国民の大部分が該当する)。
生活活動強度 III(適度)	生活活動強度 II(やや低い)の者が1日1時間程度は速歩やサイクリングなど比較的強い身体活動を行っている場合や、大部分は立位での作業であるが1時間程度は農作業、漁業などの比較的強い作業に従事している場合。
生活活動強度 IV(高い)	1日のうち1時間程度は激しいトレーニングや木材の運搬、農繁期の農耕作業などのような強い作業に従事している場合。

(以上は、厚生省「第六次改定 日本人の栄養所要量―食事摂取基準―」より改編)

装幀・デザイン　阪戸美穂
表紙・扉イラスト　脇阪克二
本文イラスト　坂崎千春
撮　影　原　務
明石孝人（本社写真部）

男の独り料理

2000年 4 月25日第 1 刷発行
2012年 6 月25日第14刷発行

編　者　婦人之友社編集部
発行所　婦人之友社
〒171-8510 東京都豊島区西池袋2-20-16
電　話　(03) 3971-0101（代）
振　替　00130-5-11600
印　刷　光村印刷株式会社
製　本　株式会社若林製本工場

●乱丁・落丁はおとりかえいたします。
 ISBN978-4-8292-0259-3